孤独症及相关障碍儿童

社会情绪课程

钟卜金　王德玉　黄　丹
主编

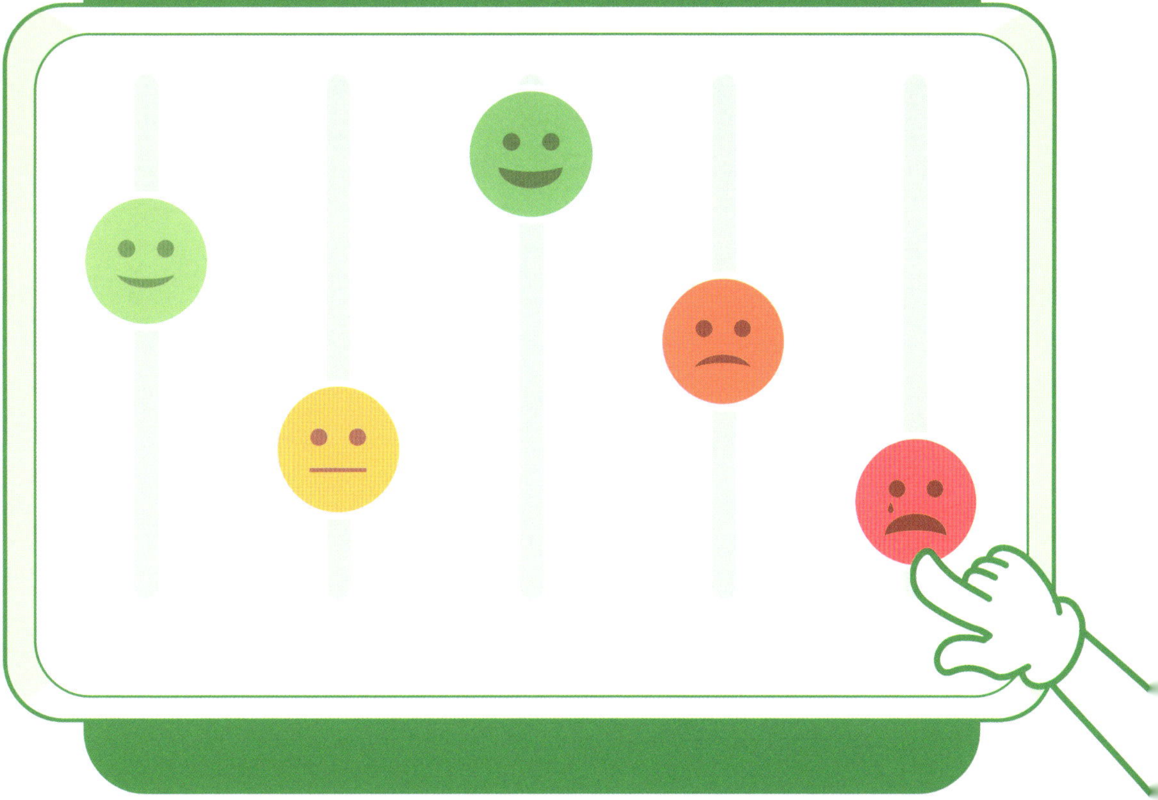

華夏出版社
HUAXIA PUBLISHING HOUSE

序　一

习近平总书记在十九大报告中提出“优先发展教育事业”“努力让每个孩子都能享有公平而有质量的教育”。作为教育事业的重要组成部分，特殊教育一直受到党和国家的高度重视。党的十八大提出“支持特殊教育”、党的十九大提出“办好特殊教育”、党的二十大提出“特殊教育普惠发展”，特殊教育在国家事业发展中的战略部署位置更加凸显。

2021年国家颁布的《“十四五”特殊教育发展提升行动计划》要求，遵循特殊教育规律，以适宜融合为目标，实现残疾儿童青少年最大限度的发展。广州市出台一系列文件，从经费保障、人员配置、师资培训、支持体系建设等方面大力促进融合教育的发展，努力提升融合教育的质量。

孤独症谱系障碍（Autism Spectrum Disorders，以下简称ASD）是一种神经发育障碍，其核心症状就是社交沟通障碍、兴趣狭窄以及重复刻板行为，这导致ASD儿童难以与他人建立良好的社会关系，在交往互动中出现不适当的行为，影响了他们在普通教育学校的学习和生活。广州市康纳学校（广州儿童孤独症康复研究中心）是国内第一家专门招收ASD儿童的公立义务教育学校，也是广州市孤独症儿童随班就读工作指导中心，在ASD儿童融合支持领域有着多年的理论探索和实践经验。

在各类特殊需要儿童中，ASD儿童的融合难度大，其有效融合需要更高的专业性和更强的支持力度，这也是提升融合质量的重点和难点。社会情绪能力（Social-Emotional Competence）是个体在社会互动和人际交往中不断学习的结果，包括理解自己和他人情绪、情感的能力以及处理由情绪引发的各种问题行为的能力，是社会融合的先备条件。广州市康纳学校以解决ASD

儿童融合困难为导向，研发了“孤独症及相关障碍儿童社会情绪课程”，通过系统培养和提升儿童社会情绪能力来促进和提升其融合质量。

该课程针对 ASD 核心障碍、聚焦 6—8 岁 ASD 儿童社会情绪能力的培养与发展，经过多年在全市各区学校的验证，在提升学生的社会情绪能力、减少问题行为等方面取得良好效果，成为广东省第一批特殊教育精品课程项目，具有很高的推广价值。该课程具有以下几个特征：

首先，该课程是基于 CASEL 社会情绪学习的框架、针对 ASD 儿童的核心障碍而设计。该课程不仅强调通过提升学生心理理论能力和问题解决能力改善学生的社会适应行为，促进其人际关系发展，还强调认知灵活性的提升，改善 ASD 儿童的僵化思维和刻板认知。

其次，课程设计者开发了丰富的课程配套资源，方便教学者使用。《孤独症及相关障碍儿童社会情绪课程》包含课程纲要、教学策略和完整的教学设计。课程纲要简要说明了课程理念和设计思路，为使用该课程的老师提供了方向性的指引；课程纲要里的四级目标体系是开展教学时进行起点能力评估、教学目标拟定、教学计划编写和课后教学评价的重要依据。教学策略的提供方便了不熟悉 ASD 儿童教学策略的老师快速理解和运用适合 ASD 儿童认知特点和学习风格的教学方法，而完整的教学设计（教、学、练、用）为相关老师提供了具体的指导和借鉴。此外，该课程还配备了大量的教学视频、图片，有助于提升学生的学习兴趣，减轻老师备课的负担。

最后，该课程特别强调对家长和老师的培训与指导。由于 ASD 儿童很难通过日常的交往与互动发展社会情绪能力，也难以将课堂上所学的知识与技能迁移到生活中的自然情境，因此该课程强调针对家长和老师定期开展培训，此外，在每一节课的教学设计中设置了“泛化技巧”和“家庭作业”，帮助课程教学者对家长和老师提供课后指导和反馈，让家长和老师成为学生社会情绪能力发展的引导者、示范者。

随着融合教育的不断推进，特殊教育的主战场逐渐转移到普通教育学校。为了更好地顺应《“十四五”特殊教育发展提升行动计划》提出的“加强普通教育与特殊教育融合”，广州市康纳学校组建了融合教育支持团队，整合自身的专业资源，研发了提升孤独症及相关障碍儿童社会情绪能力的融合课程，是解决ASD儿童融合困难的有效探索，非常期待大家的支持与使用，共同验证和修正，以点带面推进示范引领和交流学习，为探索适合我国国情的ASD儿童社会情绪能力发展的有效路径而共同努力。

邱举标

2023年11月，广州市教育研究院

序　二

融合教育，对于许多孤独症谱系孩子的家庭来说都是一件值得欣喜的事，意味着孩子即将跨越融入主流环境的第一道门槛。然而，身为教育工作者，我们深知孤独症谱系学生可能才刚刚开始面临挑战。进入普通教育学校，与普通学生相处，意味着孤独症谱系学生需要满足更高强度的人际交往要求，遵循更复杂的社会行为规范。近年来，国家和地方出台一系列政策，推动融合教育的发展，例如，2023 年初发布的《广州市“十四五”特殊教育发展提升行动计划》强调了“加强普通教育与特殊教育、职业教育与特殊教育融合”，为未来特殊教育工作指明了方向。广州市康纳学校（广州儿童孤独症康复研究中心）在孤独症谱系学生教育领域有近二十年的探索，在普特融合方面，开辟了一条基于实践的行动路径。《孤独症及相关障碍儿童社会情绪课程》就是康纳学校团队在这一工作领域的成果转化。作为康纳学校近十年来的合作伙伴，我相信《孤独症及相关障碍儿童社会情绪课程》这本书一定会给广大孤独症谱系学生的家庭和相关教育工作者带来惊喜，成为孤独症谱系学生融合教育之路上的绝佳帮手。

如果把孤独症谱系学生的信息处理系统比作计算机，那么他们的认知特性和学习风格就是硬件系统，教育者（家长、教师、康复师等）需要充分考虑其硬件系统的特性，配置适合的软件系统，即适当的教学内容和策略，充分发挥孤独症谱系学生的信息处理能力，提升其学习效率。《孤独症及相关障碍儿童社会情绪课程》一书的编写者就是基于孤独症谱系学生的认知特性设计教学内容，选择适合他们学习风格的教学策略。

针对孤独症谱系学生在情绪理解、表达和调节上的独特挑战，该书的编写者按照从理解基本的情绪到学会解决问题的顺序安排教学内容，教学内容丰富，由易到难，由浅入深，循序渐进地展开。该书的使用者即老师和家长在授课时以温和引导的方式，教会孤独症谱系学生认识情绪，在了解自己情绪的同时，学习解读他人的情绪，在这一教学过程中老师和家长将形成对孤独症谱系孩子的一次再认识，开启一次理解他们的共情之旅——对普通人来说不费吹灰之力具备的社会情绪能力，孤独症谱系学生要格外努力才能学会。让我们和他们一起努力吧。

《孤独症及相关障碍儿童社会情绪课程》的编写者尊重孤独症个体的独特性，不以普通儿童的“情商”标准来评价孤独症谱系儿童的社会情绪能力。对个体差异的充分尊重和从学生自身水平出发制定个别化学习目标的做法，使孤独症谱系儿童能够更好地表达自己、理解他人，从而提高适应融合教育环境的能力。这一课程设计目标体现了特殊教育工作者对神经多样性理念的积极响应。更值得一提的是，该课程不仅关注学生的学习，还特别注重家长和老师的培训，使他们成为学生在课堂外的引导者和支持者。这种全方位的支持体系，体现了对神经多样性理念的深刻理解，推动整个教育生态系统都与神经多样性个体和谐共处。

祝愿包括孤独症谱系学生在内的所有有社会情绪问题的学生都能够在融合环境中被理解、被接纳，充分发挥潜能，实现自我。

于洛迪
2023 年 11 月，广州大学

前　言

一、课程开发背景

广州市康纳学校（广州儿童孤独症康复研究中心）创建于 2005 年，是国内首家专门招收孤独症谱系障碍（Autism Spectrum Disorders，以下简称 ASD）儿童的公立特殊教育学校暨孤独症研究中心。在致力于 ASD 儿童康复教育与研究、孤独症发病机制的基础研究、专业人员培训的同时，我校还致力于为 ASD 儿童及其家庭提供融合支持，并于 2014 年被广州市教育局委任为“广州市孤独症儿童随班就读指导中心”。在多年的融合支持实践中发现，相比其他障碍类别的儿童，ASD 儿童面临的融合困难更大，给普通教育学校的教学和管理带来的困扰和挑战更多。

ASD 是基因与环境双重影响导致的广泛性神经发育障碍，其核心障碍表现为社交沟通障碍、刻板重复行为和兴趣狭窄。让包括 ASD 儿童在内的特殊需要儿童在普通教育学校接受融合教育已成为社会共识，近年来，越来越多的 ASD 学生在普通教育学校接受融合教育。然而，融合质量不高，“随班就读”成为“随班就坐”并非少数，更有部分 ASD 学生从普通教育学校逆流到特殊教育学校。来自华南地区的数据显示，被诊断的 ASD 儿童中仅有 10.43% 在普通教育学校就读，大多数就读于康复机构和特殊教育学校①。深究原因，除了普通教育学校老师缺乏专业技能和无法提供足够的专业支持外，ASD 学生自身社会情绪能力不足也是重要原因之一。

---

① 深圳市自闭症研究会 . 中国自闭症人士服务现状调查（华南地区）[M]. 北京：华夏出版社，2013:3.

社会情绪能力① 是个体在社会互动和人际交往中不断学习的结果，是理解自己与他人的情感与行为，成功解决问题，在家庭、学校、社会做出适当行为的能力②，在促进个体学业进步、社会化发展以及防止问题行为出现方面发挥着重要作用。ASD 儿童的社交沟通障碍、重复刻板行为导致他们难以像普通儿童一样通过亲子互动、同伴交往习得与年龄匹配的社会情绪能力；而社会情绪能力的不足又进一步加重其社交沟通障碍和重复刻板行为，让他们在低结构化的融合环境中面临重重困难。

此外，在普通人群中，存在尚未达到孤独症临床诊断标准，但在社会交往、情绪加工、行为模式等方面表现出类似孤独症特点的群体，即高孤独症特质（High Autistic Traits，以下简称 HAT③④）群体。这个群体同样存在社会情绪能力低下、社会交往困难，已引起越来越多的专家、教育工作者的关注。有研究显示，在被普通教育学校拒绝接收的学生中有 70% 的学生存在社会情绪问题，而这其中有三分之一的学生有轻度到中度的类似孤独症的行为⑤。

根据我校在 2 所普通教育学校中对 200 多名 1~4 年级小学生调查结果显示，孤独症特质（Autism-Spectrum Quotient，以下简称 AQ）测试得分和社会情绪学习能力（Social- Emotional Learning，以下简称 SEL⑥）评分表（含

---

① 社会情绪能力，英文是 Social and Emotional Competence，又译为“社会情感能力”，两种译法经常混用，但二者在内涵上有些微不同。“社会情绪能力”更偏重于生理与心理的交互作用。情感是在情绪基础上的更高级的主观体验，“社会情感能力”既有生理性、神经性的，也有文化性和社会性的。因本书重点教授学生识别、理解和表达情绪以及相关的情绪控制策略，“社会情绪能力”的描述更为准确，故而本书采用了“社会情绪能力”的表述。

② Durlak J A, Weissberg R P, Dymnicki A B, et al. The impact of enhancing students' social and emotional learning: A meta-analysis of school-based universal interventions［J］. *Child Development*, 2011, 82(1): 405-432.

③ Baron-Cohen S, Hoekstra R A, Knickmeyer R, et al. The autism-spectrum quotient (AQ)—adolescent version［J］. *Journal of Autism and Developmental Disorders*, 2006, 36: 343-350.

④ Murphy M, Bolton P F, Pickles A, et al. Personality traits of the relatives of autistic probands［J］. *Psychological Medicine*, 2000, 30(6): 1411-1424.

⑤ Skuse D H, Mandy W, Steer C, et al. Social communication competence and functional adaptation in a general population of children: preliminary evidence for sex-by-verbal IQ differential risk［J］. *Journal of the American Academy of Child & Adolescent Psychiatry*, 2009, 48(2): 128-137.

⑥ CASEL: Assessment Tools［EB/OL］.［2022-6-1］. https://casel.org/state-resource-center/assessment-tools/

家长卷、学生卷和教师卷）得分呈显著负相关，即孤独症特质越明显，其社会情绪学习能力越低[①]。

针对普通个体的研究发现，参与社会情绪能力学习的儿童和青少年，其社会情绪能力得到提高，对自己、他人及学校的态度更为积极，亲社会行为更为明显，在问题处理、情绪调节等方面更具优势，从而享有更好的心理健康状况，获得更高的学业成绩[②]。欧美国家已在很多中小学开设社会情绪学习课程，我国也有部分区域（如上海静安区）探索开展社会情绪能力课程并取得良好效果。

相对于普通学生，社会情绪能力低下的ASD学生和HAT学生更加需要全面、系统的社会情绪能力学习，但遗憾的是，国内尚无针对他们设计的社会情绪课程。

以课程支持融合教育发展是确保融合教育质量的关键。基于ASD学生和HAT学生社会情绪能力不足、融合质量不高的现状，康纳学校融合支持团队（专业背景覆盖了心理学、教育学和社会工作等领域）创造性地将社会情绪学习引入提升ASD儿童和HAT儿童社会情绪能力和社会适应能力的干预体系，并在借鉴普通儿童社会情绪能力研究成果和美国促进学业、社会情绪学习组织（The Collaborative for Academic，Social，and Emotional Learning，以下简称CASEL）提出的社会情绪学习定义和框架[③]的基础上，根据不同学龄的ASD儿童和HAT儿童的学习特点和认知风格，设计出旨在提升ASD学生社会情绪能力的课程（分为初阶课程与高阶课程）（如下图所示）。初阶课程已经在广州市多所融合教育学校使用，取得了良好的教学效果和社会效应。

该课程在常规课堂教学的基础上，强调知识与技能在日常生活中的迁移和泛化。参加该课程的ASD儿童的社会情绪能力和社会适应能力得到显著提升，通过参加培训，ASD儿童的家长和老师的情绪能力也得到明显提高，进一步改善了儿童的生态支持环境。

---

① 魏来，王德玉，黄丹．广州小学生孤独症特质与社会情绪学习相关性研究［J］．撰写中，未发表．

② Durlak J A, Weissberg R P, Dymnicki A B, et al. The impact of enhancing students' social and emotional learning: A meta-analysis of school-based universal interventions［J］. *Child Development*, 2011, 82(1): 405–432.

③ CASEL: Fundamentals of SEL［EB/OL］.［2022-6-1］. https://casel.org/fundamentals-of-sel/

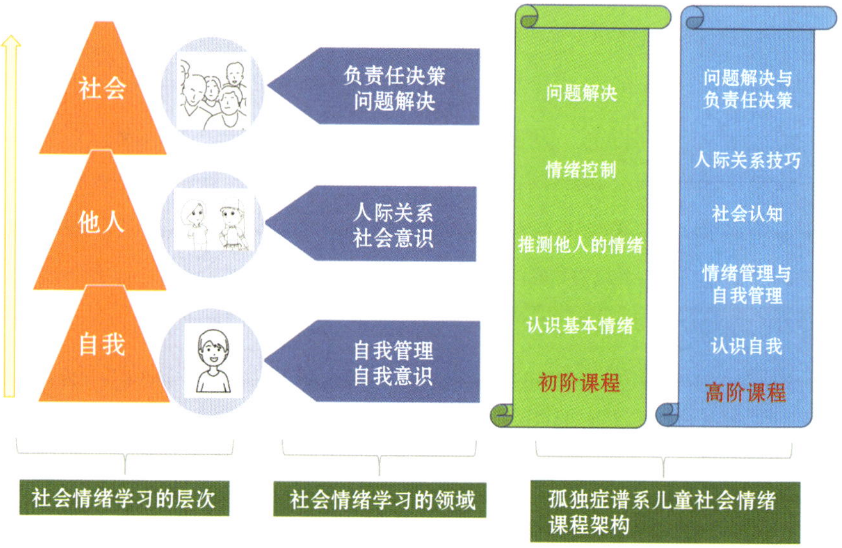

CASEL社会情绪学习框架与ASD儿童社会情绪课程框架图

关于本书

本书是“孤独症及相关障碍儿童社会情绪课程”初阶课程的教师用书，强调指导清晰、可操作性强，内容编排上力求“易学好用”。相关老师（普通教育学校的资源老师、心理辅导老师及其他对社会情绪能力课程感兴趣的普通教育老师）和有这方面学习需求的学生的家长即便未经系统培训，也可在本书的指引下开展社会情绪课程的教学和日常辅导。本书可作为普通教育学校低年级学生心理健康教育用书，也可以用于特殊需要学生的针对性教学。在特殊教育学校，本书可用于针对中高功能 ASD 学生的课堂教学，其部分内容及资源对于教授其他障碍类别学生的认知及社会沟通技能具有指导作用。

本书基础篇第一章是课程纲要，是本书的核心和精髓，是设置教学目标和进行教学设计的依据。

课程纲要包含课程性质、课程基本理念、课程设计思路与课程框架、课程目标、课程教学建议、课程评价建议、课程资源开发与利用建议。老师或家长在使用本书开展教学前，应仔细阅读和理解该章内容，并以此指导后续的教学和培训。

本书基础篇第二章是教学策略。

本课程采用了具有循证依据的、符合孤独症谱系儿童认知特点和学习风格的多种教学策略。为方便对这些策略了解不多、对应用不熟悉的老师和家长使用，我们在本章对这些策略的概念和应用分别做了简单介绍。

本书应用篇是教学设计。

依据每个单元的教学目标和内容设计教学，方便使用者直接使用或者作为教学参考。由于教学内容及环节比较多，按照 70~90 分钟来安排本章每节课的教学内容，包括如下环节：确定该课学生应具备的先备技能、教学目标、教学重 / 难点、教学准备、教学过程、泛化技巧。有经验的老师也可根据学生的情况和课时安排，参照本书，自己编写教学设计。

本书还有配套的线上资源①，包括专门为本课程设计的、拥有全部知识产权的教学图片和视频。老师和家长在实际教学中还可搭配其他课外学习资源使用，如情绪类绘本。

本书由王德玉与黄丹总体策划。其中，基础篇第一章主要由王德玉编写；第二章主要由肖婉婷与王德玉编写，张云负责提供此章相关图片和在线资源的整理。应用篇第一单元由张云编写，第二单元由孟文华编写，第三单元由杨伟珍编写，第四单元由李艳彬编写。张钰清、付泽睿两位小朋友无偿参与了教学视频的拍摄，袁慧婷绘制了所有的教学图片。

孤独症谱系儿童社会情绪课程的研发和本书的编写、出版得到了南京特殊教育师范学院王辉教授、广州大学特殊教育系系主任任杰副教授、广州大学教育学院孤独症研究中心于洛迪副教授、广东省教育研究院黄志红博士、广州市教育研究院邱举标所长和高珂娟所长等人的专业指导和鼎力支持。广州市海珠区聚德西路小学、广州市黄埔区东荟花园小学、广州市白云区永兴学校和白云区龙归学校作为本课程的试点学校参与了课程的实施与完善。此外，康纳学校副校长贾红桃、科研团队的范楷、魏来、彭晓玲及多名一线老师在课程的研发过程中也付出辛勤的劳动，在此一并对他们的付出与贡献表示衷心的感谢！

“孤独症及相关障碍儿童社会情绪课程”的高阶课程仍在研发、实施、异校验证和不断完善的过程中，计划于 2024 年推出教师用书。

---

① 编注：可前往“华夏特教”微信公众号浏览查阅相关资源。

由于课程研发团队知识结构和理论水平的局限，本课程仍有许多不足之处，真诚欢迎各位使用者给我们提出批评与建议，帮助我们进一步完善孤独症谱系儿童（以及其他社会情绪能力不足的特殊需要儿童）社会情绪课程体系。谢谢！

目录

CONTENTS

基础篇

第一章 课程纲要

第二章 教学策略

应用篇

第一单元 认识六种情绪

CONTENTS

第二单元 推测他人的情绪

第三单元 问题解决

第四单元 情绪控制策略

第一章 课程纲要

课程性质

社会情绪能力是社会融合的重要先备条件，在促进学业进步、社会化发展以及防止问题行为出现方面发挥着重要作用[①]。美国促进学业、社会情绪学习组织（CASEL）提出，社会情绪学习（Social and Emotional Learning，SEL）是人们认识并控制自己情绪（自我）、理解且共情他人的感受、建立和维持良好人际关系（他人）、有效解决问题并做出负责任决策（社会）的学习过程（三个层次），涉及“自我意识”（识别情绪、认识自我、树立自信）、“自我管理”（情绪控制、应对挫折与负面评价、依照SMART原则[②]设立目标等）、“社会意识”（理解他人的非言语信息以及言外之意、能够感同身受与换位思考）、“人际关系”（有效沟通、建立与维持关系、应对人际冲突与校园欺凌）和“负责任决策”（有效解决问题、遵守社会规则与道德规范）五大核心领域。上述三个层次和五大领域，构成了社会情绪学习的基本框架。

康纳课程研发团队基于社会情绪学习框架构建ASD儿童社会情绪课程框架，并在此基础上开发了定位为区域性融合课程、功能性课程的不同学龄的ASD儿童社会情绪课程（以下简称课程）。课程旨在全面提升融合教育环境中孤独症谱系（ASD）或高孤独症特质（HAT）学生（以下简称学生）的社会情绪能力，促进其社会适应能力的发展，改善其人际关系，提升其在普通教育学校接受融合教育的质量，降低心理疾病发生的可能性，提升学生的幸福指数。

---

① 戴健雨，葛新斌．近10年来国际融合教育的研究热点及其前沿动态探析——基于2009—2018年International Journal of Inclusive Education载文的可视化分析［J］．现代特殊教育，2019（18）:9.

② “现代管理学之父”彼得·德鲁克在其著作《管理的实践》中提出了用于设定目标的SMART原则：S=Specific（明确的），M=Measurable（可量化的），A=Attainable（可达成的），R=Relevant（相关的），T=Time-based（有时限的）。

课程强调促进学生认知的灵活性和对学习内容的社会性运用，强调知识与技能在日常生活中的迁移和泛化，促进学生社会适应行为的发展。本课程具有开放性，课程的具体目标与内容可根据当地的文化特色、学校的教学理念、学生的认知水平和语言能力进行调整。课堂教学要充分考虑学生的学习风格与学生间的异质性，在小组教学中达成差异化教学目标。

课程基本理念

• 培养学生的社会情绪能力，提高学生的生活质量

本课程旨在培养和提高学生的社会情绪能力，围绕学生当前和未来生活的需求构建课程体系，着重发展学生的情绪能力[①]（情绪理解、表达与控制能力）、心智解读能力（根据社会性线索推测他人的情绪和想法、从他人视角理解事件及事件中相关人员的情绪与想法）、人际关系能力（理解和接纳人的多样性和差异性，通过交流、协商及合作达成目标）和问题解决能力（通过对解决方案的比较和分析，做出负责任的决策），提高学生在融合环境中的社会适应能力，从而提升其生活质量和幸福感。

• 强调教学目标的社会性，确保教学内容紧密联系学生的日常生活

本课程立足于学生的生活实际，将学校情境、家庭情境、社区情境的内容进行有机整合，采用适合孤独症学生认知风格的教学策略，通过教、学、练、用的教学设计，促进学生将掌握的目标知识和技能运用到实际生活中。

• 重视家长和老师的培训，确保学生将所学知识与技能在日常生活和学习环境中进行练习和泛化

在教授每一单元新课前，都应为家长及老师（班主任、科任老师等）提供一次培训，让他们提前知晓课程内容和辅助策略。每一节课的教学设计还包含了泛化技巧与家庭作业，让家长和老师成为学生课堂之外的示范者、辅助者和练习伙伴，让学生将课堂上所学的知识和技能在生活、学习环境中进

① Joan E. Grusec, Paul D. Hastings. *Handbook of socialization: Theory and research* [M]. New York: The Guilford Press, 2015.

行练习、拓展与泛化。

- **注重个体差异，促进学生的个性化发展**

课程以促进学生发展为根本，强调从学生现有水平出发，设定其个性化学习目标。学生通过科学、合理、有效的课程学习，全面提升社会情绪能力，满足在日常生活及学习活动中人际交往的个性化需求。

课程设计思路与课程框架

本课程研发以问题解决为导向，针对孤独症谱系障碍儿童和高孤独症特质儿童在融合环境中高发（发生率）、频发（反复发生率）的情绪行为问题，从分析其深层次原因（社会认知不足、社会情绪能力较低）着手，以三维融合支持模式（发展潜能、补偿缺陷、提供支持）为理念，覆盖自我、他人、社会三个层次，同时，尊重孤独症谱系障碍儿童的学习特点，对家长 / 老师进行培训，提供环境支持，结合学生的认知水平设计课程的目标和具体内容。

针对处于不同发展阶段和能力水平的学生，本课程分为初阶课程、高阶课程。

初阶课程的适用对象为 6—8 岁（1—3 年级）无智力障碍的孤独症谱系儿童及高孤独症特质儿童，课程也适用于有明显情绪行为问题的轻度智力障碍学生、注意力缺陷多动障碍（ADHD）学生与情绪障碍（ED）学生。

初阶课程聚焦 ASD 儿童对六种基本情绪的识别、理解和恰当的表达，以及在此基础上问题解决和情绪控制等综合能力的发展和泛化。情绪识别与理解包含对自己和他人外在和内在情绪的辨识以及对情绪经验的解读、判断。解读自己和他人情绪的能力是建立健康人际关系的基础。情绪表达包含使用言语和非言语的方式表达和分享情绪以及传递情绪的强度，同时也包含对自我情绪的理解和接纳。情绪表达是社会情绪能力水平的重要指标，对后续的问题解决和情绪控制产生正向影响。问题解决是在对所发生事件以及自己的情绪感受理解的基础上，判断这个事件对自己是否是问题，如果是，则需要选择恰当、可行的方法来应对这个问题。情绪控制是通过恰当的方式自我抚平或降低情绪的强度，避免因处于强烈的情绪状态中而出现不当的行为和反应。良好的情绪控制能力有利于建立和维持健康的社会互动和人际关系。

对应上述课程内容，初阶课程包含四个教学单元：第一单元，认识六种情绪；第二单元，推测他人的情绪；第三单元，问题解决；第四单元，情绪控制策略。

用第一单元的六节课教学生认识开心、伤心、生气、害怕、担忧、厌恶六种情绪，并用颜色（由浅到深）和数字（0、1、2、3）形象表达情绪的强度，为后续的学习打下基础。第二单元从情绪的身体语言、情境与情绪、愿望与情绪、情绪会变化四个主题培养学生的情绪推测能力；前三个主题的重点是通过直接和间接的社会线索推测他人的情绪与想法，第四个主题的重点是通过认识情绪的变化提升思维的灵活性。第三单元从识别什么是问题、解决问题的步骤、解决办法的分析与选择来培养学生的问题解决能力，并通过练习提升问题解决能力的灵活性。第四单元提供了深呼吸、做有趣的事、找人帮忙、与人协商、自我安慰五种情绪控制策略，教授学生结合场景的分析，选择适合的情绪控制策略。问题解决也是情绪控制的重要方式，问题解决能力的培养有助于提升和改善社会适应能力。因第三单元已学习，第四单元不再涉及。

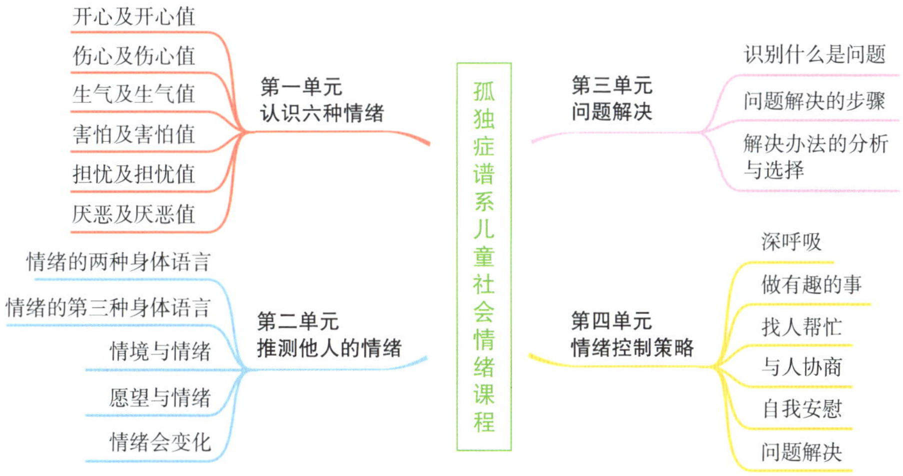

图1.1　初阶课程框架图

初阶课程在普通教育学校、特殊教育学校皆适用。可作为普通教育学校功能性课程，用于全班整体教学；可作为针对特殊需要儿童的补偿性课程，用于小组教学，建议组内学生人数为4~6名，最多不超过8名，最少不低于

3 名（如果学生太少，可能难以实现学生间的参照学习与沟通）。每节课的教学内容包括认知（概念的学习与理解）、技能（能力练习）、应用（在生活实践中的运用）与泛化（针对不同人物、不同场景下的练习与巩固）。每节课的教学时间是 70~90 分钟（包含奖励时间）。在实际教学过程中，授课老师应根据学生的能力水平和学校的教学安排，灵活安排上课进度与课时数。授课老师可以是学校里的特殊教育老师、心理健康老师、资源老师或者普通教育老师。有融合支持经验的学生家长也可参考本课程帮助孩子练习与泛化社会情绪能力。

在特殊教育学校，可抽离出中高功能学生，完整实施本课程，也可针对中低功能学生，选取本课程相关内容和资源，开展认知课或社交课的整体教学，这也有助于提升学生认识、表达和控制情绪的能力。

普通教育学校	特殊教育学校
整体教学模式 （针对普通班、融合班全体学生的课程）	
抽离式小组教学模式 （针对特殊需要学生的课程）	抽离式小组教学模式 （针对中高功能学生的课程）
	整体教学模式 （针对全班中低功能学生的认知课、社交课教学）

注：高阶课程的适用对象为 8—12 岁（3—6 年级）无智力障碍的孤独症谱系儿童及高孤独症特质儿童，主要内容包括认识自我、情绪管理与自我管理、社会认知、人际关系技巧、问题解决与负责任决策。因本书介绍的是初阶课程，在此不对高阶课程做详细介绍。

课程目标

● 本课程的总体目标

学生在认知自我情绪、自我优劣势的基础上发展出对自己的管理和尊重；在了解他人的情绪、想法与意图的基础上发展出对他人的理解、关心和欣赏；在前两者的基础上提升解决问题的能力、建立和维持健康人际关系的能力，避免成为被排斥和欺凌的对象，最终改善人际关系，提升心理健康水平，提升幸福感。

- 初阶课程的总体目标

学生通过初阶课程的系统学习，能够察觉、表达自己的基本情绪与控制情绪强度，能够理解并表达产生这些情绪的原因；能够根据他人的身体语言、情境和愿望等线索推测他人的情绪，能够理解和表达他人情绪背后的原因和理由；能够识别情绪引发的问题、思考解决方案并通过分析做出决策；掌握六种情绪控制策略（包括问题解决）并能够根据情境选择恰当的策略控制自己的情绪。通过培养与提升学生的上述能力，促进学生的社交主动性和人际关系的建立与维持，减少情绪行为问题，提升融合质量。

- 初阶课程的分级目标

（1）第一单元：认识六种情绪（开心、伤心、生气、害怕、担忧、厌恶）

领域	一级目标	二级目标	三级目标	四级目标
1. 认识六种情绪	1.1 识别开心、伤心、生气、害怕、担忧、厌恶六种情绪	1.1.1 识别图片中的开心情绪	1.1.1.1 识别照片中的开心情绪	1.1.1.1.1 能指出 / 说出照片中的开心情绪
			1.1.1.2 识别卡通图片中的开心情绪	1.1.1.2.1 能指出 / 说出卡通图片中的开心情绪
			1.1.1.3 识别情境图片中的开心情绪	1.1.1.3.1 能指出 / 说出情境图片中的开心情绪
		1.1.2 识别图片中的伤心情绪	1.1.2.1 识别照片中的伤心情绪	1.1.2.1.1 能指出 / 说出照片中的伤心情绪
			1.1.2.2 识别卡通图片中的伤心情绪	1.1.2.2.1 能指出 / 说出卡通图片中的伤心情绪
			1.1.2.3 识别情境图片中的伤心情绪	1.1.2.3.1 能指出 / 说出情境图片中的伤心情绪
		1.1.3 识别图片中的生气情绪	1.1.3.1 识别照片中的生气情绪	1.1.3.1.1 能指出 / 说出照片中的生气情绪
			1.1.3.2 识别卡通图片中的生气情绪	1.1.3.2.1 能指出 / 说出卡通图片中的生气情绪

领域	一级目标	二级目标	三级目标	四级目标
			1.1.3.3 识别情境图片中的生气情绪	1.1.3.3.1 能指出 / 说出情境图片中的生气情绪
		1.1.4 识别图片中的害怕情绪	1.1.4.1 识别照片中的害怕情绪	1.1.4.1.1 能指出 / 说出照片中的害怕情绪
			1.1.4.2 识别卡通图片中的害怕情绪	1.1.4.2.1 能指出 / 说出卡通图片中的害怕情绪
			1.1.4.3 识别情境图片中的害怕情绪	1.1.4.3.1 能指出 / 说出情境图片中的害怕情绪
		1.1.5 识别图片中的担忧情绪	1.1.5.1 识别照片中的担忧情绪	1.1.5.1.1 能指出 / 说出照片中的担忧情绪
			1.1.5.2 识别卡通图片中的担忧情绪	1.1.5.2.1 能指出 / 说出卡通图片中的担忧情绪
			1.1.5.3 识别情境图片中的担忧情绪	1.1.5.3.1 能指出 / 说出情境图片中的担忧情绪
		1.1.6 识别图片中的厌恶情绪	1.1.6.1 识别照片中的厌恶情绪	1.1.6.1.1 能指出 / 说出照片中的厌恶情绪
			1.1.6.2 识别卡通图片中的厌恶情绪	1.1.6.2.1 能指出 / 说出卡通图片中的厌恶情绪
			1.1.6.3 识别情境图片中的厌恶情绪	1.1.6.3.1 能指出 / 说出情境图片中的厌恶情绪
	1.2 区分开心、伤心、生气、害怕、担忧、厌恶六种情绪的情绪值	1.2.1 区分开心值 0、1、2、3	1.2.1.1 区分面部表情图片的开心值	1.2.1.1.1 能将面部表情图片与开心值配对
			1.2.1.2 区分情境图片的开心值	1.2.1.2.1 能将情境图片与开心值配对
			1.2.1.3 区分文字描述的开心值	1.2.1.3.1 能将文字描述与开心值配对
		1.2.2 区分伤心值 0、1、2、3	1.2.2.1 区分面部表情图片的伤心值	1.2.2.1.1 能将面部表情图片与伤心值配对
			1.2.2.2 区分情境图片的伤心值	1.2.2.2.1 能将情境图片与伤心值配对
			1.2.2.3 区分文字描述的伤心值	1.2.2.3.1 能将文字描述与伤心值配对

领域	一级目标	二级目标	三级目标	四级目标
		1.2.3 区分生气值 0、1、2、3	1.2.3.1 区分面部表情图片的生气值	1.2.3.1.1 能将面部表情图片与生气值配对
			1.2.3.2 区分情境图片的生气值	1.2.3.2.1 能将情境图片与生气值配对
			1.2.3.3 区分文字描述的生气值	1.2.3.3.1 能将文字描述与生气值配对
		1.2.4 区分害怕值 0、1、2、3	1.2.4.1 区分面部表情图片的害怕值	1.2.4.1.1 能将面部表情图片与害怕值配对
			1.2.4.2 区分情境图片的害怕值	1.2.4.2.1 能将情境图片与害怕值配对
			1.2.4.3 区分文字描述的害怕值	1.2.4.3.1 能将文字描述与害怕值配对
		1.2.5 区分担忧值 0、1、2、3	1.2.5.1 区分面部表情图片的担忧值	1.2.5.1.1 能将面部表情图片与担忧值配对
			1.2.5.2 区分情境图片的担忧值	1.2.5.2.1 能将情境图片与担忧值配对
			1.2.5.3 区分文字描述的担忧值	1.2.5.3.1 能将文字描述与担忧值配对
		1.2.6 区分厌恶值 0、1、2、3	1.2.6.1 区分面部表情图片的厌恶值	1.2.6.1.1 能将面部表情图片与厌恶值配对
			1.2.6.2 区分情境图片的厌恶值	1.2.6.2.1 能将情境图片与厌恶值配对
			1.2.6.3 区分文字描述的厌恶值	1.2.6.3.1 能将文字描述与厌恶值配对
	1.3 说出自己的情绪及情绪产生的原因	1.3.1 根据情境，说出自己的情绪和情绪值	1.3.1.1 根据情境，说出自己开心的情绪和情绪值	1.3.1.1.1 能根据图片 / 视频 / 文字描述，说出自己开心的情绪和情绪值
			1.3.1.2 根据情境，说出自己伤心的情绪和情绪值	1.3.1.2.1 能根据图片 / 视频 / 文字描述，说出自己伤心的情绪和情绪值
			1.3.1.3 根据情境，说出自己生气的情绪和情绪值	1.3.1.3.1 根据图片 / 视频 / 文字描述，说出自己生气的情绪和情绪值

领域	一级目标	二级目标	三级目标	四级目标
			1.3.1.4 根据情境，说出自己害怕的情绪和情绪值	1.3.1.4.1 能根据图片 / 视频 / 文字描述，说出自己害怕的情绪和情绪值
			1.3.1.5 根据情境，说出自己担忧的情绪和情绪值	1.3.1.5.1 能根据图片 / 视频 / 文字描述，说出自己担忧的情绪和情绪值
			1.3.1.6 根据情境，说出自己厌恶的情绪和情绪值	1.3.1.6.1 能根据图片 / 视频 / 文字描述，说出自己厌恶的情绪和情绪值
		1.3.2 根据情境，说出自己情绪产生的原因	1.3.2.1 根据情境，说出自己开心情绪产生的原因	1.3.2.1.1 能根据图片 / 视频 / 文字描述，说出自己开心情绪产生的原因
			1.3.2.2 根据情境，说出自己伤心情绪产生的原因	1.3.2.2.1 能根据图片 / 视频 / 文字描述，说出自己伤心情绪产生的原因
			1.3.2.3 根据情境，说出自己生气情绪产生的原因	1.3.2.3.1 能根据图片 / 视频 / 文字描述，说出自己生气情绪产生的原因
			1.3.2.4 根据情境，说出自己害怕情绪产生的原因	1.3.2.4.1 能根据图片 / 视频 / 文字描述，说出自己害怕情绪产生的原因
			1.3.2.5 根据情境，说出自己担忧情绪产生的原因	1.3.2.5.1 能根据图片 / 视频 / 文字描述，说出自己担忧情绪产生的原因
			1.3.2.6 根据情境，说出自己厌恶情绪产生的原因	1.3.2.6.1 能根据图片 / 视频 / 文字描述，说出自己厌恶情绪产生的原因

领域	一级目标	二级目标	三级目标	四级目标
	1.4 辨别他人的情绪并说出情绪产生的原因	1.4.1 根据情境，辨别他人的情绪	1.4.1.1 根据情境，辨别他人开心的情绪	1.4.1.1.1 能根据图片 / 视频 / 文字描述，辨别他人开心的情绪
			1.4.1.2 根据情境，辨别他人伤心的情绪	1.4.1.2.1 能根据图片 / 视频 / 文字描述，辨别他人伤心的情绪
			1.4.1.3 根据情境，辨别他人生气的情绪	1.4.1.3.1 能根据图片 / 视频 / 文字描述，辨别他人生气的情绪
			1.4.1.4 根据情境，辨别他人害怕的情绪	1.4.1.4.1 能根据图片 / 视频 / 文字描述，辨别他人害怕的情绪
			1.4.1.5 根据情境，辨别他人担忧的情绪	1.4.1.5.1 能根据图片 / 视频 / 文字描述，辨别他人担忧的情绪
			1.4.1.6 根据情境，辨别他人厌恶的情绪	1.4.1.6.1 能根据图片 / 视频 / 文字描述，辨别他人厌恶的情绪
		1.4.2 根据情境，说出他人情绪产生的原因	1.4.2.1 根据情境，说出他人开心情绪产生的原因。	1.4.2.1.1 能根据图片 / 视频 / 文字描述，说出他人开心情绪产生的原因
			1.4.2.2 根据情境，说出他人伤心情绪产生的原因	1.4.2.2.1 能根据图片 / 视频 / 文字描述，说出他人伤心情绪产生的原因
			1.4.2.3 根据情境，说出他人生气情绪产生的原因	1.4.2.3.1 能根据图片 / 视频 / 文字描述，说出他人生气情绪产生的原因
			1.4.2.4 根据情境，说出他人害怕情绪产生的原因	1.4.2.4.1 能根据图片 / 视频 / 文字描述，说出他人害怕情绪产生的原因

领域	一级目标	二级目标	三级目标	四级目标
			1.4.2.5 根据情境，说出他人担忧情绪产生的原因	1.4.2.5.1 能根据图片/视频/文字描述，说出他人担忧情绪产生的原因
			1.4.2.6 根据情境，说出他人厌恶情绪产生的原因	1.4.2.6.1 能根据图片/视频/文字描述，说出他人厌恶情绪产生的原因

（2）第二单元：推测他人的情绪

领域	一级目标	二级目标	三级目标	四级目标
2. 推测和理解他人的情绪	2.1 根据人物的身体语言推测人物的情绪	2.1.1 面部表情	2.1.1.1 识别面部表情的线索	2.1.1.1.1 能识别开心时面部表情线索
				2.1.1.1.2 能识别伤心时面部表情线索
				2.1.1.1.3 能识别生气时面部表情线索
				2.1.1.1.4 能识别害怕时面部表情线索
				2.1.1.1.5 能识别担忧时面部表情线索
				2.1.1.1.6 能识别厌恶时面部表情线索
			2.1.1.2 根据面部表情推测人物情绪	2.1.1.2.1 能根据图片中人物的面部表情线索推测情绪
				2.1.1.2.2 能根据视频中人物的面部表情推测他人的情绪
				2.1.1.2.3 能在自然情境中根据人物的面部表情推测他人的情绪
			2.1.1.3 用面部表情表达自己的情绪	2.1.1.3.1 能在模拟情境中用面部表情表达自己的情绪

领域	一级目标	二级目标	三级目标	四级目标
				2.1.1.3.2 能在自然情境中用面部表情表达自己的情绪
		2.1.2 肢体动作	2.1.2.1 识别肢体动作的线索	2.1.2.1.1 能识别开心时肢体动作线索
				2.1.2.1.2 能识别伤心时肢体动作线索
				2.1.2.1.3 能识别生气时肢体动作线索
				2.1.2.1.4 能识别害怕时肢体动作线索
				2.1.2.1.5 能识别担忧时肢体动作线索
				2.1.2.1.6 能识别厌恶时肢体动作线索
			2.1.2.2 根据肢体动作推测人物情绪	2.1.2.2.1 能根据图片中人物的肢体动作推测其情绪
				2.1.2.2.2 能根据视频中人物的肢体动作推测其情绪
				2.1.2.2.3 能在自然情境中根据人物的肢体动作推测其情绪
			2.1.2.3 用肢体动作表达自己的情绪	2.1.2.3.1 能在模拟情境中用肢体动作表达自己的情绪
				2.1.2.3.2 能在自然情境中用肢体动作表达自己的情绪
		2.1.3 语音语调	2.1.3.1 识别语音语调的线索	2.1.3.1.1 能识别生气时语音语调线索
				2.1.3.1.2 能识别伤心时语音语调线索
				2.1.3.1.3 能识别生气时语音语调线索

领域	一级目标	二级目标	三级目标	四级目标
				2.1.3.1.4 能识别害怕时语音语调线索
				2.1.3.1.5 能识别担忧时语音语调线索
				2.1.3.1.6 能识别厌恶时语音语调线索
			2.1.3.2 根据语音语调推测人物情绪	2.1.3.2.1 能根据视频中人物的语音语调推测其情绪
				2.1.3.2.2 能根据音频中人物的语音语调推测其情绪
				2.1.3.2.3 能在自然情境中根据人物的语音语调推测其情绪
			2.1.3.3 用语音语调表达自己的情绪	2.1.3.3.1 能在模拟情境中用语音语调表达自己的情绪
				2.1.3.3.2 能在自然情境中用语音语调表达自己的情绪
		2.1.4 身体语言综合运用	2.1.4.1 根据两种或两种以上身体语言推测人物的情绪	2.1.4.1.1 能结合人物的面部表情、肢体动作两种身体语言推测其情绪
				2.1.4.1.2 能结合人物的面部表情、语音语调两种身体语言推测其情绪
				2.1.4.1.3 能结合人物的肢体动作、语音语调两种身体语言推测其情绪
				2.1.4.1.4 能结合人物的面部表情、肢体动作、语音语调三种身体语言推测其情绪

领域	一级目标	二级目标	三级目标	四级目标
			2.1.4.2 运用两种或两种以上身体语言表达自己的情绪	2.1.4.2.1 能在模拟情境中运用两种或两种以上身体语言表达自己的情绪
				2.1.4.2.2 能在自然情境中运用两种或两种以上身体语言表达自己的情绪
	2.2 根据情境推测人物的情绪	2.2.1 情境与情绪	2.2.1.1 识别情境中人物的情绪	2.2.1.1.1 能根据情境识别自己的情绪
				2.2.1.1.2 能根据情境推测他人的情绪
				2.2.1.1.3 能明白对于同一件事，不同的人会出现不同的情绪
			2.2.1.2 理解情境的变化会引起情绪的变化	2.2.1.2.1 能明白情境的变化会引起情绪的变化
	2.3 根据愿望推测人物的情绪	2.3.1 人物的愿望	2.3.1.1 分析人物的愿望	2.3.1.1.1 能明白愿望是一个人的想法
				2.3.1.1.2 能说出自己的愿望
				2.3.1.1.3 能理解不同的人在不同的情境中会有不同的愿望
		2.3.2 愿望与情绪	2.3.2.1 理解愿望与情绪的关系	2.3.2.1.1 能根据自己的愿望是否实现识别自己的情绪
				2.3.2.1.2 能根据他人的愿望是否实现推测其情绪

（3）第三单元：问题解决

领域	一级目标	二级目标	三级目标	四级目标
3. 问题解决	3.1 识别问题	3.1.1 识别问题	3.1.1.1 判断是不是问题	3.1.1.1.1 能说出视频 / 模拟情境 / 讲述的故事中发生的事件对当事人是不是问题
				3.1.1.1.2 能说出视频 / 模拟情境 / 讲述的故事中发生的事件对自己是不是问题
				3.1.1.1.3 能在自然情境中判断事件对自己是不是问题
				3.1.1.1.4 能理解不同的人对问题的界定是不一样的
	3.2 问题解决步骤与解决办法分析	3.2.1 问题解决步骤	3.2.1.1 掌握问题解决的 6 个步骤	3.2.1.1.1 能说出问题解决的 6 个步骤
				3.2.1.1.2 能运用问题解决 6 步骤解决视频中的问题
				3.2.1.1.3 能运用问题解决 6 步骤解决自然情境中的问题
		3.2.2 解决办法分析	3.2.2.1 对解决办法进行分析	3.2.2.1.1 能对同一问题提出多个解决办法
				3.2.2.1.2 能分析解决办法是否能解决当前问题
				3.2.2.1.3 能判断解决办法是否会影响、伤害别人
				3.2.2.1.4 能判断解决办法当下是否可行
			3.2.2.2 在多个解决办法中做出选择	3.2.2.2.1 能针对视频中的问题选择好的且可行的解决办法

领域	一级目标	二级目标	三级目标	四级目标
				3.2.2.2.2 能针对自然情境中的问题选择好的且可行的解决办法
	3.3 问题解决综合练习	3.3.1 问题解决综合练习	3.3.1.1 理解解决办法的多样性	3.3.1.1.1 能理解针对一个问题有多个解决办法
			3.3.1.2 理解解决办法的灵活性	3.3.1.2.1 能理解不同的人在不同的情境中会采用不同的解决办法

（4）第四单元：情绪控制策略

领域	一级目标	二级目标	三级目标	四级目标
4. 情绪控制	4.1 内部调控	4.1.1 深呼吸	4.1.1.1 理解“深呼吸”与情绪变化的关系	4.1.1.1.1 能理解“深呼吸”可以让自己平静下来
			4.1.1.2 掌握“深呼吸”的方法	4.1.1.2.1 能用鼻子缓慢吸气和屏气
				4.1.1.2.2 能用口鼻缓慢呼气
			4.1.1.3 运用“深呼吸”调节情绪	4.1.1.3.1 能识别需要“深呼吸”的情境
				4.1.1.3.2 能在模拟情境中运用“深呼吸”调节情绪
				4.1.1.3.3 能在自然情境中运用“深呼吸”调节情绪
		4.1.2 自我安慰	4.1.2.1 理解“自我安慰”与情绪变化的关系	4.1.2.1.1 能理解“自我安慰”可以让心情变好
			4.1.2.2 掌握“自我安慰”的方法	4.1.2.2.1 能用“自我激励”的方式安慰自己
				4.1.2.2.2 能用“换一个角度想”的方式安慰自己

领域	一级目标	二级目标	三级目标	四级目标
			4.1.2.3 运用“自我安慰”调节情绪	4.1.2.3.1 能识别需要“自我安慰”的情境
				4.1.2.3.2 能在模拟情境中运用“自我安慰”调节情绪
				4.1.2.3.3 能在自然情境中运用“自我安慰”调节情绪
	4.2 外部调控	4.2.1 做有趣的事	4.2.1.1 理解“做有趣的事”与情绪变化的关系	4.2.1.1.1 能理解“做有趣的事”可以让心情变好
			4.2.1.2 列出“有趣的事”	4.2.1.2.1 能说出自己在家 / 社区中能做的“有趣的事”（2~5 件）
				4.2.1.2.2 能说出自己在学校中能做的“有趣的事”（2~5 件）
				4.2.1.2.3 能理解对于不同的人“有趣的事”可能是不同的
			4.2.1.3 运用“做有趣的事”调节情绪	4.2.1.3.1 能识别需要“做有趣的事”的情境
				4.2.1.3.2 能在模拟情境中运用“做有趣的事”调节情绪
				4.2.1.3.3 能在自然情境中运用“做有趣的事”调节情绪
		4.2.2 找人帮忙	4.2.2.1 理解“找人帮忙”与情绪变化的关系	4.2.2.1.1 能理解“找人帮忙”可以让心情变好
			4.2.2.2 根据情境选择求助的对象	4.2.2.2.1 能说出在家 / 社区中可以求助的对象
				4.2.2.2.2 能说出在学校可以求助的对象

领域	一级目标	二级目标	三级目标	四级目标
			4.2.2.3 运用"找人帮忙"调节情绪	4.2.2.3.1 能识别需要"找人帮忙"的情境
				4.2.2.3.2 能在模拟情境中运用"找人帮忙"调节情绪
				4.2.2.3.3 能在自然情境中运用"找人帮忙"调节情绪
		4.2.3 与人协商	4.2.3.1 理解"与人协商"与情绪变化的关系	4.2.3.1.1 能理解"与人协商"可以让心情变好
			4.2.3.2 掌握"与人协商"的技巧	4.2.3.2.1 能借助"协商对话框"与他人进行协商
				4.2.3.2.1 能独立与他人进行协商
			4.2.3.3 运用"与人协商"调节情绪	4.2.3.3.1 能识别需要"与人协商"的情境
				4.2.3.3.2 能在模拟情境中运用"与人协商"调节情绪
				4.2.3.3.3 能在自然情境中运用"与人协商"调节情绪
		4.2.4 问题解决	4.2.4.1 理解"问题解决"与情绪变化的关系	4.2.4.1.1 能理解"问题解决"可以让心情变好
			4.2.4.2 运用"问题解决"调节情绪	4.2.4.2.1 能识别需要"问题解决"的情境
				4.2.4.2.2 能在模拟情境中运用"问题解决"调节情绪
				4.2.4.2.3 能在自然情境中运用"问题解决"调节情绪

领域	一级目标	二级目标	三级目标	四级目标
	4.3 综合运用	4.3.1 综合运用策略	4.3.1.1 理解情绪控制策略的多样性	4.3.1.1.1 能理解在一个情境中可以运用多种情绪控制策略
			4.3.1.2 理解情绪控制策略的灵活性	4.3.1.2.1 能理解在不同的情境中需要运用不同的情绪控制策略

注：问题解决是情绪控制的重要策略之一，因在第三单元已学过，在第四单元不再单独学习，但在综合练习情绪控制策略以及在自然情境中泛化运用情绪控制策略时，老师和家长应结合情境，引导学生通过解决问题控制情绪。

课程教学建议

• 尊重学生的学习风格

尊重学生的学习风格是任何教育教学成功的前提。孤独症儿童喜欢单调重复、结构化、可预测、视觉化和具体化，而社会情绪能力的学习是动态的且具有高度的随机性，需要多感官的参与。因此，在实施社会情绪课程教学时，老师应充分考虑孤独症谱系学生的认知特点和学习风格（如表 1.1 所示），扬长避短，灵活运用多种具有循证实践支持的教学策略和教学方法（见第二章）。

表 1.1 孤独症儿童的认知特点和学习风格

认知领域	认知特点	学习风格
注意力	注意力的过度集中 注意力的过度选择	活动转移困难 过于关注特定细节
信息处理	重复模式 图像思维 注意细节 具象思维 完形式信息加工 机械式学习模式	重复、僵化，灵活性不足 视觉信息加工优势 难以把握事件全貌 具体的或字面理解的思维 完形学习方式 死记硬背、墨守成规
社会认知	只理解字面意思 高度系统化	僵化的社会语言与认知模式 忽略或误解社会线索

注：上表中“认知领域”与“认知特点”的内容引自《做·看·听·说（第2版）：孤独症谱系障碍人士社交和沟通能力干预指南》[①]。

● 尊重学生的个体差异

一方面，孤独症谱系学生存在社会沟通与社会交往障碍这一共性特征；另一方面，孤独症谱系中的每个个体都有各自的神经学特征，孤独症学生在认知水平、语言能力、行为模式等方面存在很大的个体差异。本课程的教学形式是小组教学，老师在设计和实施教学的过程中，既要考虑学生的共性目标，也要兼顾学生的个别化目标（基于每个学生的能力水平和行为模式设定），使每位学生都获得最大的进步。

● 重视学生的真实体验

在教学中，除了课程提供的教学图片与视频外，充分利用学生日常生活、学习中真实发生过的事例（鼓励家长和老师收集相关的图片和视频），加深学生的学习体验和提升学习动机。通过教、学、练、用，促进学生将所学的知识与技能运用到实际生活、学习场景中。

● 强调家长与其他老师的培训和参与

由于本课程具有社会性，学生的生活环境（家庭、社区）和学校既是学生社会情绪能力的学习场所，也是学生社会情绪能力的实践场所。因此，教授本课程的老师和学生家长都是主要的教学人员。由于本课程课时有限，其他老师（包括班主任、科任老师）也是辅助学生学习与实践社会情绪能力的重要力量。

为了实现良好的家校协同教学，每个单元开课前先向学生家长与其他老师提供培训，内容包括介绍该单元的教学目标、教学内容，如何引导学生完成家庭作业，以及说明实施泛化的策略与方法等，使家长和老师成为学生社会情绪学习的示范者、引导者和陪练，让学生有更多机会巩固和泛化课堂上所学的知识与技能。

---

① 凯思琳·安·奎尔等. 做·看·听·说（第2版）：孤独症谱系障碍人士社交和沟通能力干预指南［M］. 陈烽，译. 北京：华夏出版社，2021.

课程评价建议

实施多元化评价的根本目的是提升课程的实施效果，促进教师的“教”与学生的“学”。应基于课程标准，结合学生的发展水平和个别化教育目标合理设定评价标准与评价目标，充分发挥评价的诊断、反馈、激励和改善的功能，更有效地挖掘每位学生的学习潜力。

• 评价主体

由于社会性是本课程的重要属性，因此，除了课堂上的学习与练习外，学生还需要大量的课外练习与泛化。学生家长和其他老师作为学生学习社会情绪能力的示范者和陪练，与实施课程的教师一起构成了评价主体。

• 评价内容

本课程的评价内容涵盖了“知识与技能”“过程与方法”“情感与价值观”三个方面。

❶ 知识与技能：参照本课程的总体目标和分级目标，考查学生能否根据图片、视频等识别某种情绪、能否理解产生情绪的原因、是否具备关注和正确表达他人情绪的能力等。

❷ 过程与方法：考查学生学习和理解情绪的过程与方法、推测他人情绪的过程与方法、问题解决的过程与方法等。

❸ 情感与价值观：考查学生是否愿意参与课程的学习和相关练习，能否理解和接纳自己的情绪、他人的情绪，是否有提升与他人交往的意愿等。

• 评价方法

本课程根据“质性评价与量化评价相结合”“过程性评价和终结性评价相结合”的原则，综合采用测量法（情绪发展量表、学习评价表）、观察法、访谈法等多种评价方法。在评价过程中可引导学生认识和表达自己的情绪，评价自己的情绪行为反应，促进自我管理。

❶ 测量法：

A：情绪发展量表[①]（Emotions Development Questionnaire，EDQ）：该量

---

① Belinda Ratcliffe, Michelle Wong, et al. Teaching social–emotional skills to school-aged children with Autism Spectrum Disorder: A treatment versus control trial in 41 mainstream schools［J］. *Research in Autism Spectrum Disorders*, 2014, 8（12）：1722-1733.

表由澳大利亚西米德儿童医院开发，我校将此表翻译成中文并根据实际情况做了一定的修订。教师于课程实施前、中、后采用该量表评量学生情绪能力的变化。该量表分别由家长和其他老师（通常为班主任）填写。

B：学习评价表：教师依照课程的总体目标与分级目标（四级目标），考查学生是否达成学习目标，学习目标可根据学生的具体情况进行个别化设定。采用4级3分制（如下表）。评分标准：3分，表示能独立完成该项目；2分，表示在单一辅助下完成该项目；1分，表示在两个或两个以上辅助下完成该项目；0分，表示在任何辅助下都不能完成该项目。辅助分为：语言辅助，即通过口头指导帮助学生做出正确反应；视觉辅助，即提供动作示范或用手势、眼神等方式提供辅助；肢体辅助，即手把手地辅助学生做出正确反应。

表1.2　学习评价表示例

项　目	评估结果				备 注
	0	1	2	3	
能说出图片中的开心情绪					
能将图片与开心值配对					
能将文字描述与开心值配对					
能根据图片/视频/文字描述，说出自己开心的情绪和开心值					
能根据图片/视频/文字描述，说出自己开心的原因					
能根据图片/视频/文字描述，说出他人开心的情绪和开心值					
能根据图片/视频/文字描述，说出他人开心的原因					

评估结果的应用：教学前的评估结果可帮助教师找到学生的最近发展区，制订相应的小组教学目标和学生的个别化目标。教学后的评估结果可帮助教师确定个别化的家庭作业及泛化练习的目标，必要时开展一对一教学。

❷ 观察法：教师、家长与其他老师观察学生在课堂与日常生活中能否应用所学的知识与技能，如学生能否察觉并表达自己的情绪和情绪值，能否使用情绪控制策略控制自己的情绪。

③ 访谈法：教师根据课程的总体目标与分级目标，自行编写访谈提纲，向家长和其他老师了解学生情绪能力的发展与变化。

课程资源开发与利用建议

为了让学生更好地学习、练习和灵活运用社会情绪能力，教师应充分开发和利用各种课程资源。本课程的课程资源包括教材资源、人力资源、设备资源和社会环境资源。

- 教材资源

教材资源包括《孤独症及相关障碍儿童社会情绪课程》一书及配套的相关在线资源（教学图片和视频、家庭作业单、学习评价表等）。

- 人力资源

家庭和学校是学生学习和练习社会情绪能力的主要场所，也是运用社会情绪能力的主要场所。因此，家人（父母、兄弟姐妹、住在一起的祖父母等）、其他老师（班主任、科任老师）和同学都可以是学生的示范者和陪练，为学生提供练习和运用社会情绪相关技能的环境和机会。此外，家人与同伴的理解、接纳和支持能够提升学生的自信心，促进他们更加积极地学习，降低焦虑、提升心理健康水平。

- 设备资源

大多数孤独症谱系儿童的视觉感知优于听觉感知，他们的认知风格偏向具体、直观。因此，老师在本课程教学中会用到大量的图片和视频材料，通常也会借助活泼有趣的 PPT 或者互动性更强的希沃课件呈现教学内容。因此，电脑 / 投影仪或者电子白板是本课程教学中常用的设备。

- 社会环境资源

社会环境是练习社会情绪能力的重要场所。学生在社会环境中，尤其在与其生活密切相关的社区中，如超市、餐馆、医院、电影院等，会遇到不同的人和不同的意外事件，家长应抓住机会引导学生利用所学知识正确理解遇到的人和事件，并采用所学的技能去应对这些人或事件所引发的情绪反应。同时，社会环境也是重要的学习场所，家长应引导学生观察其他人的应对策略（包括问题解决和情绪控制策略）并进行分析，引导学生学习好的应对方式，避免不好的应对方式。

第二章 教学策略

积极心理学认为所有的学习都涉及学习者的情感投入。学习不是孤立的，学生的情绪状态会影响其学习效果。如果学生的情绪过于亢奋或者过于消极，其学习效率都会降低，甚至根本无法学习。为了让 ASD 学生更高效地学习社会情绪课程，应尽量营造积极放松、接纳度高的环境，让 ASD 学生处于积极或平静的情绪状态，这是积极心理学走进 ASD 学生课堂的重要体现，也是情绪发展六阶段模型（A Six - Phase Model of the Meltdown Cycle①）（见下图）的具体要求。

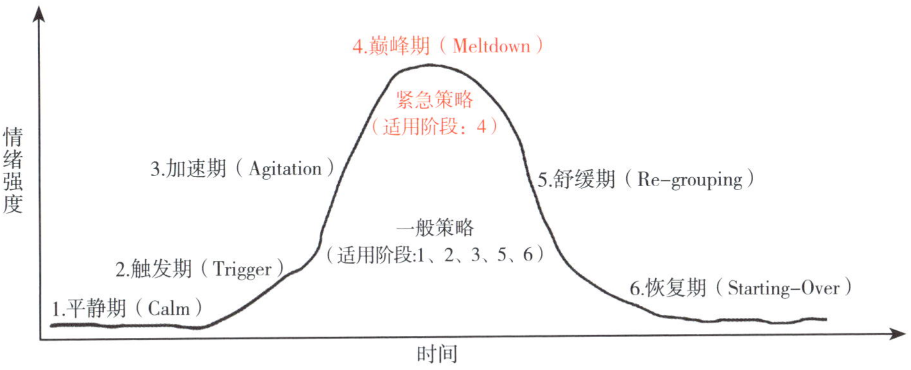

图2.1 情绪发展六阶段模型

情绪发展六阶段模型是由杰夫·科尔文（Geoff Colvin）提出的，他认为个体不是突然发生情绪崩溃的，而是从平静到崩溃再恢复平静，会经历六个紧密相连的阶段，分别是平静期（情绪平静放松）、触发期（情绪被激惹）、加速期（情绪被进一步激惹）、巅峰期（情绪崩溃）、舒缓期（情绪舒缓）和恢复期（情绪恢复平静）。ASD 学生在每个阶段都有可预期的行为表现，因此教师需要采取对应的教学策略，防止 ASD 学生的情绪走向崩溃，

① Colvin G.Sheehan M.R.Managing thc cycle of meltdowns for students with autism spectrum disorder［M］. California：Corwin Press, 2012.

或在崩溃之后，帮助学生恢复平静并回到课堂参与学习，具体见下表。

表2.1　情绪发展六阶段的行为表现与教学策略

阶段	认知/情绪/行为	教学要点	教学策略
1.平静期	平静，合作，学习投入	给予关注、正常教学、强化好的行为（如认真听讲）	一般策略
2.触发期	物理环境干扰，常规被打破，受挑衅，被惩罚，需求未满足导致出现眼神闪烁、喃喃自语、坐立不安等表现	撤除导火线、找出问题来源并帮忙解决、转移注意力（如给其简单任务，完成后立即奖励）	
3.加速期	挑衅老师、拒绝写作业、激怒同学、躲避或逃避	保持冷静、使用简洁语言、同理学生的想法，如：“我看到你有些生气，想想现在我们可以做什么？”出示问题解决步骤卡	
4.巅峰期	攻击、尖叫、扔东西、自伤、逃跑、哭喊等	保证安全、给予时间和空间、给予选择、避免与学生冲突、不能强制学生服从或对其大声呵斥	紧急策略
5.舒缓期	情绪强度慢慢减弱、不知所措、退缩、疲劳、顺从	共情、不要火上浇油、不要指责、假装没事、执行学生的选择（如学生选择独自在一旁安坐）、强化好的行为（如保持安静）	一般策略
6.恢复期	恢复平静	接纳、共情、适时处理，如：“你冷静下来了，非常棒！”重新发出指令，如：“欢迎回来继续上课！”	

如上表，根据ASD学生情绪发展周期，我们将本课程的教学策略分为一般策略和紧急策略。

一般策略是在个体的情绪强度较低或中等时实施的，是基于ASD学生的认知特点和学习风格选取的具有循证实践支持的教学策略，也是本课程实施过程中主要应用的策略，包括结构化教学、视觉支持、现场示范与视频示范、社交故事、角色扮演、差别强化、反应中断/重新教学、互动教学法等。除了这些课堂上教、学、练的策略外，一般策略还包括泛化策略，该策略表现为布置家庭作业、组织其他老师（班主任及科任老师等）培训和家长培训等，强调的是促进学生将课堂中所学技能泛化与运用于日常生活中。

紧急策略则是在 ASD 学生的情绪强度达到巅峰时实施的，主要目的是保护 ASD 学生和周围同学及老师的人身安全，帮助学生释放情绪，使其更快更平稳地过渡到舒缓期、恢复期。

接下来分别介绍一般策略和紧急策略的具体内容，并用简单示例说明这些策略在本课程教学中的应用。

一般策略

● 结构化教学（structured teaching）之活动时间表

结构化教学是根据学生的学习特点，有组织、有系统地安排学习环境、学习材料及学习程序，让学生按照设计好的方式 / 顺序进行学习的教学方法，尤其适合 ASD 学生结构化、可预测和视觉化的学习风格。很多 ASD 学生存在感觉过敏或感觉不足，可结合结构化教学的要求，在尊重 ASD 学生感官需求的基础上布置教室的物理环境（包括教室里的灯光、声音、座位分布、区域划分等），为 ASD 学生提供有组织的、有规律的教学环境和课程，帮助他们建立安全感，减少焦虑。

活动时间表包括课程表、活动流程图、日历等多种形式，是结构化教学的重要组成部分，也是日常教学中使用较多的策略。老师可采用活动时间表安排相对固定的活动，并提前告知学生，让学生能够预期每日或某段时间的活动，以及这些活动的先后次序。因此，老师可以在上课开始时向学生呈现该节课的教学环节（如下图），让学生对每节课的主要内容都能预先了解。

“伤心及伤心值”的教学程序表

1. 复习开心及开心值
2. 学习伤心
3. 学习伤心值表
4. 课堂练习
5. 奖励时间

图 2.2　教学程序表示例

● 视觉支持（visual supports）

视觉支持采用视觉线索（如图片、文字、实物、清单等）提供信息，如发出指令，帮助学生理解当下要求，并完成相应的学习任务或者做出期望的行为。因大多数 ASD 学生属于视觉学习型，因此教学中会频繁使用该策略，如用下图所示的规则提示卡提示学生坐下并放好手脚。本课程所用到的视觉支持包括活动时间表、提示卡、流程图、选择板等。

图2.3 规则提示卡示例

提示卡：除了规则提示卡，还有其他用于教学的提示卡，如深呼吸提示卡，老师可用深呼吸提示卡提示学生当下可采用深呼吸的策略来控制情绪。

图2.4 深呼吸提示卡

流程图：用来呈现完成一项活动所需的步骤。比如，在教授“第三单元 问题解决”时，可使用流程图来呈现问题解决的步骤，从而促进学生对这一概念的准确理解，帮助学生根据流程图来独立解决问题。

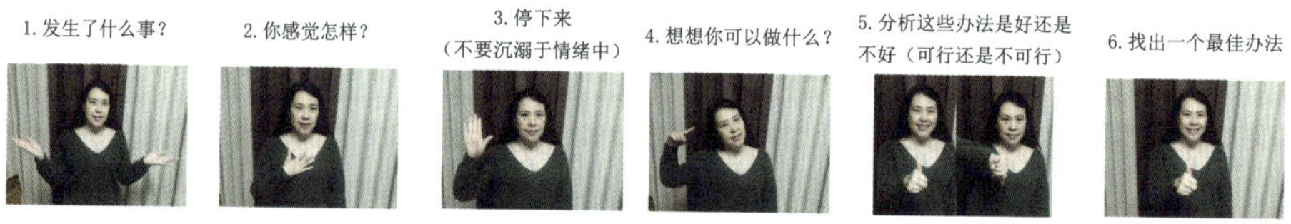

图2.5 问题解决流程图

选择板：对于语言表达能力较弱的学生，可使用选择板帮助他们把自己的选择表达出来。比如，询问学生当自己喜欢的玩具被人抢走时情绪如何，可提供情绪选择板帮助学生恰当表达。

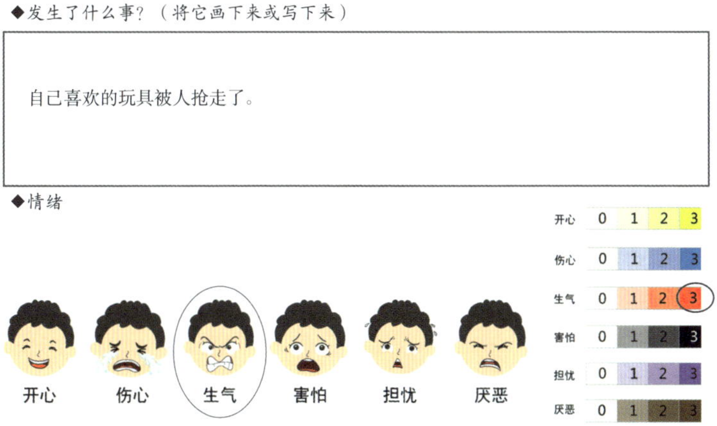

图2.6　情绪选择板示例

- 现场示范与视频示范（live & video modelling）

现场示范是指老师现场演示目标行为或技能，从而引发学生观察、模仿、学习，并最终习得目标行为或技能。

视频示范是指通过视频向学生演示目标行为或技能，让学生对视频中的行为或技能进行观察、模仿、学习，该示范是现场示范的一个强有力的补充。比如，将深呼吸或问题解决的步骤录制成视频，学生观察、学习每一个步骤如何操作，并进行实际操作。

- 社交故事（social story）

社交故事是指通过图片和文字描述事件、事件发生的原因以及事件中人物的感受和想法，进而突出目标行为或技能的相关特征，并展现如何做出恰当的回应。在教授情绪调节技能时，经常使用社交故事来促进学生对此技能的理解和掌握。比如，在教授如何调节生气情绪时，首先描述生气的情境、事情发生的顺序、主角的想法感受等，然后描述应该做什么、说什么，帮助学生理解并掌握生气调节策略。

- 角色扮演（role play）

角色扮演是指扮演他人的角色，并按照他人的方式和态度行事，以增进对他人社会角色及自身角色的认识和理解。比如，在第二单元推测他人情绪的课程中，老师经常设置情境，让学生在模拟情境中扮演他人角色，以帮助学生了解和推测他人的情绪等。

● 强化与差别强化（reinforcement）

强化是指通过某行为提高个体的行为反应概率的过程，包括正强化、负强化、差别强化等。正强化是最常用的强化方式，是通过提供正性刺激（比如食物、代币、赞扬等）增加期待的好的行为，比如，学生作业完成得好，就在班上公开表扬他。负强化是通过撤销负性刺激来增加好行为，比如，上课能答对几个问题，就不用做某项家庭作业，以促使学生认真思考和回答老师的问题。差别强化是一种特殊的强化应用，基本原理是将强化和消退策略综合使用，通过强化好的行为，忽视不良行为，以促进学生好的行为的增加和不良行为的消减。比如，当课堂上学生有良好的课堂表现时，比如注意力集中、积极参与、认真思考等，老师可用社会性表扬、代币等方式进行正强化；当学生不举手就接话、故意乱说话引起他人关注的时候，则对学生的这一行为进行忽视。

● 反应中断和重新教学（response interruption/redirection）

反应中断和重新教学是指当 ASD 学生出现情绪行为问题时，使用口头或肢体提示等方法将其注意力从情绪行为问题中转移出来，并引导他们转向更合适的替代行为。比如，当学生出现反复抠手等问题行为影响学习效果时，老师可以用语言提醒学生把手放好，也可以直接拍拍学生的手示意他把手放好，并提醒学生当前的学习内容是什么，帮助学生投入学习。

● 互动教学法（teaching interaction）①

社交技能是 ASD 孩子需要掌握的重要技能之一，互动教学法被证实能有效提升情绪感知与表达、社交沟通、共同游戏、建立友谊等社交技能。

多年来，“示范 – 练习 – 反馈”在应用行为分析（ABA）领域得到广泛应用，帮助学生学习各种技能，互动教学法是在此基础上进行拓展，形成的包含六个步骤的系统化、互动式教学方法。互动教学法的六个步骤分别为：

---

① 米切尔·陶布曼等 . 孤独症人士社交技能评估与训练课程 [M]. 王思逸等，译 . 北京：华夏出版社，2023.

命名和识别、阐述理由和意义、说明和演示、练习、反馈、外在后果。

❶ 命名和识别

互动教学法的第一步是要确定所教授的目标行为并予以命名。命名必须清晰，用词精练且符合教学对象的年龄。

❷ 阐述理由和意义

互动教学法的第二步是为目标给出有意义的理由。这个理由不仅是进行某个行为的理由，而且是进行这个行为后自然发生的结果，也就是自然结果。好的理由通常使用“如果……那么……”这样的表述，比如可以把理由阐述为“如果你愿意与朋友们一起分享，那么他们可能也会让你玩他们的玩具”。

❸ 说明和演示

互动教学法的第三步，是老师对目标技能或技能的一部分进行说明演示。通常，在一个互动教学单元只教授技能的一个部分。说明应当详细清晰，能够表述具体的行为。在演示时，老师向学生示范所学行为或行为的各个部分。可以用现场示范、视频示范、社交故事等多种方式进行示范。

❹ 练习

互动教学法的第四步，是学生应用所学技能进行角色扮演，老师则模拟同伴。

❺ 反馈

反馈紧接在练习之后，老师对学生的表现应该给予积极、纠正性的反馈。

❻ 外在后果（选择性步骤）

通常，反馈会同时伴有外在后果，比如代币或者奖品，这可以成为学生学习的重要动力。

互动教学法策略示例：

老师：你好，小凯。

小凯：你好，王老师。

老师：我发现每次同学抢你玩具的时候，你都会爆粗口狠狠骂对方。

小凯：是的，我实在是太生气了，我的生气值是3。

老师：但其实学会调节生气情绪（命名和识别）在我们日常生活中是非常重要的，你知道为什么吗？

小凯：哦，不知道。

老师：因为调节好自己的生气情绪，会让自己不那么难受，也会让你成为一个更受欢迎的人。（阐述理由和意义）

小凯：好吧，我生气的时候很想控制住自己不骂人，我该怎么做呢？

老师：当你生气的时候，你可以先进行深呼吸，用鼻子深深地吸一口气，再用嘴巴缓缓地吐出来，就像这样（演示），然后想想你可以怎样解决这个问题（问题解决）。你还可以用温和的语气说："我现在很生气，我想先冷静一下。"然后暂时离开。（说明和演示）

老师：要不你来试试？

（角色扮演，老师抢走学生的玩具，谈话继续）

老师：太棒了！你做得很好！我看你的生气情绪很快平复下来了（反馈）。奖励你三分钟游戏时间。（选择性的外在后果）

● 泛化策略

由于 ASD 学生存在固着的思维方式以及刻板的行为特征，因此泛化策略在社会情绪课程中也是非常重要的内容。泛化策略是指引导 ASD 学生将所学的社会情绪知识与技能应用到自然情境中。泛化的维度包括人物的泛化、环境的泛化、教学内容的泛化、强化的泛化等。通过泛化练习，ASD 学生学会在面对不同的人、不同的事件或在不同的环境中使用所学到的社会情绪技能。

本课程实现泛化的主要途径有：

❶ 布置家庭作业

社会情绪课程的每节课都是以老师进行课堂小结并布置家庭作业作为结束，下一节课则是以学生分享家庭作业完成情况、老师点评作为开始。在课后的日常情境中使用课堂上学到的技能，是将课堂中习得的社会情绪能力进行泛化的重要途径，涉及人员（从老师到家人）、环境（从学校到家庭或社区）、内容（从课堂内容到延伸内容）等多方面的泛化。

❷ 组织其他老师（班主任及科任老师等）培训和家长培训

社会情绪能力需要在其他课程和家庭、社区生活中进行泛化。因此，在实施社会情绪课程时，也会针对学生的家长和班级老师开展课程培训，在每个教学单元开始前，都会教授他们相关的教学策略和辅导技巧，以保证学生在课堂内外接受一致的社会情绪能力教学，从而促进其社会情绪能力的泛化与应用。

紧急策略

尽管我们综合使用多种策略让 ASD 学生在情绪强度较低或中等阶段有效参与学习，但由于其自身的核心障碍和一些未知的外在因素（如学生在观看最爱看的教学视频时突然停电等），ASD 学生时常会出现比较大的情绪波动，甚至很快发展到情绪崩溃的巅峰阶段，这个时候则需要采取紧急策略来确保 ASD 学生和在场的其他人员的人身安全，帮助 ASD 学生尽快平稳过渡到舒缓期。

- 给予空间和时间

当学生情绪崩溃，出现尖叫、突然大哭、伤人或自伤等激烈行为时，尽量将其引导至安全的环境中（如情绪角、情绪宣泄室等），并且及时疏散周围的同学。同时要密切关注当事学生的健康状况（是否出现癫痫发作、心脏问题等）。

- 积极地陪伴

当学生情绪崩溃的时候，老师和他 / 她保持一定的安全距离，对其投以关切的目光，让学生知道他 / 她没有被抛弃。同时，可以用情绪冷静板（如表示深呼吸、停一停、数数字等的图片）给学生视觉提示。切记不要在此时和学生讲大道理或者纠正他 / 她的想法或行为，以免进一步引发冲突。

- 准备必要的辅助工具

针对破坏力强的学生，要事先准备好必要的辅助工具，如防咬手套、软垫等，防止学生自伤和伤害他人。

- 求助资源教师或危机处理小组

学校可根据需要，将协助班级处理此类危机事件的任务纳入资源教师的常规工作中，或者成立学生情绪行为处理小组，并提前做好应对此类危机事件的培训工作，完善危机应对制度，提供相关辅助工具（如防咬手套等）。如果当事学生的破坏力强或者情绪爆发时间长，班级教师难以应对，可以及时向相关老师或者小组成员求助。

建议：做好事前事后的家校沟通。在学生入学之际，告知家长学校对学生严重情绪行为问题处理的预案，并让家长签署知情同意书。在进行危机处理的时候，也尽量做好录像工作，方便后期的家校沟通工作。

应用篇

第一单元
认识六种情绪

本单元的总体目标与教学建议

孤独症儿童在社会交往中的一个突出特点就是难以辨识和理解自己及他人的情绪状态，并且难以基于情境正确地表达自己的情绪以及回应他人的情绪。本单元的总体目标是识别、理解及表达六种情绪（包括开心、伤心、生气、害怕、担忧及厌恶），提升正确理解与恰当表达情绪的能力。

本单元的教学建议：

1	出示情绪图片（面部表情图片和情境图片）的顺序应遵循从具体到抽象，从熟悉到陌生的原则。
2	情绪值的判断没有标准，每个人的判断可以有所不同，比如，对于同一张情绪图片，有人认为是有点开心（情绪值为1），有人会认为是很开心（情绪值为2），但在对比情绪差异程度较高的情绪图片时，比如，平静（情绪值为0）和很开心（情绪值为2）、有点开心（情绪值为1）和非常开心（情绪值为3），则是可以有统一答案的。
3	同步开展家长和其他老师的培训，让家长和其他老师成为学生的情绪教练和陪练，引导和鼓励学生在日常生活、学习中觉察自己的情绪并主动观察他人的情绪，学会表达自己和他人的情绪和情绪值。

第一课
开心及开心值

先备技能

1. 能遵守基本的课堂规则，如在集体课上安坐、听指令等
2. 能理解代币的使用规则
3. 能理解词语“一般”“有点”“很”“非常”
4. 能根据简单事件回答含有“为什么”的问句

教学目标

1. 能命名图片中的“开心”情绪
2. 能理解开心值“0、1、2、3”与“平静、有点开心、很开心、非常开心”的对应关系
3. 能运用句式表达开心和开心值
4. 能理解并表达开心的原因

教学重点、难点

1. 命名图片中的“开心”情绪
2. 理解开心值“0、1、2、3”与“平静、有点开心、很开心、非常开心”的对应关系

教学时长

70~90 分钟，可根据学生的掌握情况灵活调整时长

教学准备

1. 常规工具

教学程序表、规则提示卡、奖励表、家庭作业、学习评价表（见线上资源）

2. 教学材料

（1）“平静”和“开心”的面部表情彩色照片（提前准备好学生本人或其家人表情的彩色照片，应突出面部表情且背景干净）

（2）“平静”和“开心”的面部表情黑白照片（提前准备好陌生人表情的黑白照片，应突出面部表情且背景干净）

（3）“平静”和“开心”的面部表情彩色卡通图片、开心值表、配套视频（见线上资源）

（4）没有人物的开心情境图片（提前准备好学生比较喜欢、容易感觉开心的情境图片，如呈现麦当劳餐厅、游乐园等图片，应突出情境、没有人物、画面清晰）

（5）有人物的开心情境图片（提前准备好，图片中人物的开心表情应清晰可见，如同伴笑着玩滑梯、家长笑着踩单车、陌生人抱着篮球微笑）

（6）卡片（上面写有描述情境的文字，如“周末爸爸带我去吃自助餐”“小凯过生日时妈妈给他买了他最喜欢的动漫书”）

（7）绘本《小猪威比情绪绘本——我很快乐》①

（8）镜子（1 面，能照清楚面部即可）

（9）情绪值卡（分别写有数字“0”“1”“2”“3”的卡片）

教学过程

一 游戏导入

❶ 玩“音乐椅”游戏。（教师可根据学生之间的熟悉程度安排适合的热身小游戏，创造更多孩子互相认识的机会；也可根据情况单独安排一次活动课作为整个社会情绪课程的热身，让学生获得一种仪式感。）

---

① 《小猪威比情绪绘本》共 10 册，分为《我很害怕》《我很害羞》《我很快乐》《我很生气》《我很难过》《我很兴奋》《我很骄傲》《我会嫉妒》《我会想念》《我会关心》，由黄耀华改编，二十一世纪出版社 2014 年出版。

“音乐椅”游戏规则：播放音乐，学生边听音乐边绕着凳子转圈，音乐一停，学生立即坐到凳子上，未抢到凳子的学生做自我介绍，包括介绍自己的姓名、年级、爱好等，依次进行，直到所有学生都做了自我介绍。

② 一边向学生出示教学程序表、规则提示卡，一边简要介绍相应内容。（作为社会情绪课程的第一次课，有必要在本节课介绍以上常规工具，在后续课程中可视情况决定是否保留此环节。）

③ 出示奖励表并和学生约定奖励规则，即奖励每节课得到代币最多的两位学生。

二　教授新知，学习“开心”

① 阅读绘本，初学“开心”

《小猪威比情绪绘本——我很快乐》

内容简介：威比是一只快乐的小猪，他喜欢笑，喜欢蹦蹦跳跳，喜欢和大家分享自己的快乐。

（1）教师讲解绘本内容，引导学生观察并思考：

“威比感觉怎么样？”“你从哪些地方看出威比是开心的呢？”

（2）学生发言后，教师归纳要点：“开心就是快乐、愉快、高兴、愉悦等。开心的时候，我们的眉毛弯弯的，眼睛亮亮的，嘴角向上翘。”

② 示范表演，体验“开心”

（1）教师对着镜子笑，和学生说：“请你和我这样做。”

（2）学生对着镜子做开心的表情，同时，教师强调：“开心的时候我们会笑。”

③ 观察图片 / 卡片，分辨“开心”

（1）按照数量由少到多、表情由熟悉到陌生、表情呈现由照片到卡通图片的原则，教师依次出示面部表情彩色照片、面部表情黑白照片、面部表情彩色卡通图片，同时提问：“哪些表情看起来是开心的呢？”

注意：根据学生的能力水平，决定如何组合情绪程度不同的图片，比如，针对能力较弱的学生，可将情绪差异程度较高的图片组合在一起，如“平静”（情绪值为 0）和“非常开心”（情绪值为 3）的图片。

（2）教师出示没有人物的开心情境图片，并提问：“玩……的时候，你感觉开心吗？”“为什么呢？”

（3）教师出示有人物的开心情境图片，并提问：“图片上的人感觉怎么样？”“他 / 她为什么会有这种情绪呢？”

（4）教师出示写有描述情境的文字卡片或者说出这些文字，并提问：“遇到这种情况时，你 / 小凯（视卡片上的人物名字而定）感觉如何？”“为什么呢？”（根据学生的识字水平和语言理解能力，决定是否实施此环节）

教师强调：“当我们得到想要的东西、做想做的事、玩有趣的游戏时会感到开心；开心的时候，我们通常会笑，眼睛会发亮，嘴角会向上翘。”

4 游戏互动，表达“开心”

（1）教师和学生玩“剪刀石头布”游戏，赢的一方用句子表达：“我赢了，感觉非常开心！”观看的学生可以向赢的一方说：“你赢了，你真棒！”

（2）学生之间玩“剪刀石头布”游戏，赢的学生用句子表达：“我赢了，感觉非常开心！”输的学生可以对自己说：“我输了，我要加油！”

（3）教师点评学生的表现并小结：“当我们感觉开心的时候，我们可以大声说出来。”

三 教授新知，学习开心值

1 观察图片，感知开心值

开心值表

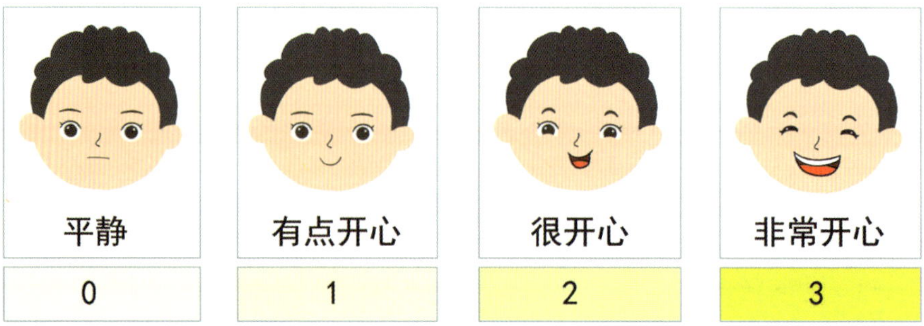

（1）教师出示开心值表并引导学生从颜色、数字、面部表情（眼睛、嘴巴、眉毛）等的变化回答问题：“从这张表上你看到了什么？”

在学生讨论并回答后，教师进行小结：“开心的颜色是黄色；开心值有0、1、2、3，分别代表‘平静’‘有点开心’‘很开心’‘非常开心’，对应的眼睛、嘴巴、眉毛形状也不一样。”

（2）教师进一步提问：“开心值0和开心值3的表情有什么不同呢？”

在学生讨论并回答后，教师进行小结：“开心值是0时，表示平静，眼睛睁开，既不睁大也不眯起，嘴巴闭着；开心值是3时，表示非常开心，眼睛眯起来了，嘴角朝上，嘴巴咧开，连牙齿都露出来了，眉毛也变弯了。”

（3）教师小结：“开心有不同的程度，可以用文字或数字来描述不同程度的开心。平静的时候，开心值是0；有时候我们只是有一点开心，开心值是1；有时候我们会很开心，开心值是2；有时候我们会非常开心，开心值是3。”

❷ 观看视频，体验开心值

（1）观看视频1.1.1“小艾和小凯玩球”。

▶ 播放视频到第3秒时暂停：

① 教师引导学生根据自己的真实感受回答如下问题：“小艾和小凯在做什么？”“如果你去玩这个游戏，你感觉如何？”“你为什么会有这种感觉？”

② 学生因感受不同，给出的答案也会不一样：“我玩球时会感觉开心，因为我喜欢玩球。”“我玩球时感觉平静，因为我觉得不好玩。”

③ 教师引导学生留意其他学生的不同答案并进行小结：“情绪是一种个人感受，对同一件事情，我们可能会有不同的感受。”

▶ 继续播放视频至结束：

① 教师通过提问：“小凯的情绪如何？”“小凯为什么会有这种情绪？”引导学生关注视频中人物的感受。

② 教师引导学生比较自己的感受与视频中小凯的感受，让学生对情绪的主观性有进一步体验。

③ 教师引导学生观察小凯平静时的面部表情：“眼睛睁开，既不睁大也不眯起，嘴巴闭着。”

④ 教师强调：“平静时，开心值是0。”

注意：教师须强调视频中的内容都是虚构的，不是真实的，避免学生沉浸其中。

（2）观看视频 1.1.2、1.1.3、1.1.4，按照上述步骤完成相应的教学活动。

③ 配对活动，练习开心值

（1）教师依照情绪差异程度由高到低、配对的组数由少到多的原则组织学生完成将面部表情图片 / 情境图片 / 文字描述与开心值进行配对的活动，如将 0 和 3 作为第一组开心值与图片 / 文字进行配对，然后将 1 和 3 作为第二组开心值与图片 / 文字进行配对，再将 0、1 和 3 作为第三组开心值与图片 / 文字进行配对，以此类推。

（2）教师点评学生的表现。

四 团体活动，巩固拓展

活动：我的情绪地盘

活动步骤：

第一，教师将情绪值卡 0、1、2、3 摆在地上。

第二，教师出示“薯片”的图片并说：“看到这张图片时，你感觉怎么样？请选择！”

第三，依次邀请四位学生根据自己的答案站在相应的情绪值卡上。

第四，站好后，学生用句式“吃薯片时，我感觉……开心值是……”表达自己的情绪。

教师引导学生观察上台的四位学生所选的情绪值，进行小结：“情绪是我们的主观感受，对同样的事情，不同的人可能会有不同的感受，也可能会有不同的情绪值。”

五 课堂总结

① 小结与奖励

（1）课堂小结：“本节课我们主要学习了开心和开心值，我们可以用 0、1、2、3 来表示自己的开心程度，当某件事让我们感觉开心时，我们可以说：

‘当……时，我感觉……开心值是……’”

（2）教师点评学生的课堂表现，学生清点代币数量。

（3）教师兑现奖励。

❷ 布置家庭作业

❸ 完成学习评价表

泛化技巧

❶ 家长或老师可根据学生的能力，选择以文字描述、画画或者粘贴图片等方式让学生完成家庭作业。

❷ 家长或老师引导学生将所学的开心情绪辨识技能泛化到不同的场景（家庭或学校）中和不同的人物（家人或老师）身上。

❸ 家长可根据孩子的喜好创设体验不同开心值的情境，让孩子体验和表达，如：“吃冰激凌时，我非常开心，开心值是 3。”“吃鸡翅时，我很开心，开心值是 2。”“吃鱼时，我感觉有点开心，开心值是 1。”“吃青菜时，我感觉一般，开心值是 0。”

❹ 家长可在自然情境中主动向孩子表达自己的开心情绪，如：“看到你认真写作业，妈妈非常开心，开心值是 3。”

家庭作业

请在空白处用文字描述一件让你感觉开心的事情，或者画下、粘贴一幅让你感觉开心的图片，并在情绪值表下的方框里用“√”标注你的情绪值。

让我感觉开心的事情：				
我的开心值	 平静 0	 有点开心 1	 很开心 2	 非常开心 3

学习评价表

项　目	评估结果				备 注
	0	1	2	3	
能说出图片中的开心情绪					
能将图片与开心值配对					
能将文字描述与开心值配对					
能根据图片 / 视频 / 文字描述，说出自己开心的情绪和开心值					
能根据图片 / 视频 / 文字描述，说出自己开心的原因					
能根据图片 / 视频 / 文字描述，说出他人开心的情绪和开心值					
能根据图片 / 视频 / 文字描述，说出他人开心的原因					

评分标准：3 分，表示能独立完成该项目；2 分，表示在单一辅助下完成该项目；1 分，表示在两个或两个以上辅助下完成该项目；0 分，表示在任何辅助下都不能完成该项目。

第二课
伤心及伤心值

先备技能

1. 能遵守基本的课堂规则，如在集体课上安坐、听指令等
2. 能理解代币的使用规则
3. 能理解词语“一般”“有点”“很”“非常”
4. 能根据简单事件回答含有“为什么”的问句
5. 能识别开心情绪

教学目标

1. 能命名图片中的“伤心”情绪
2. 能理解伤心值“0、1、2、3”与“平静、有点伤心、很伤心、非常伤心”的对应关系
3. 能运用句式表达伤心和伤心值
4. 能理解并表达伤心的原因

教学重点、难点

1. 命名图片中的“伤心”情绪
2. 理解伤心值“0、1、2、3”与“平静、有点伤心、很伤心、非常伤心”的对应关系

教学时长

70~90 分钟，可根据学生的掌握情况灵活调整时长

教学准备

1. 常规工具

教学程序表、规则提示卡、奖励表、家庭作业、学习评价表（见线上

资源）

2. 教学材料

（1）“平静”“开心”“伤心”的面部表情彩色照片（提前准备好学生本人或其家人表情的彩色照片，应突出面部表情且背景干净）

（2）“平静”“开心”“伤心”的面部表情黑白照片（提前准备好陌生人表情的黑白照片，应突出面部表情且背景干净）

（3）“平静”“开心”“伤心”的面部表情彩色卡通图片、伤心值表、配套视频（见线上资源）

（4）开心情境图片（在复习环节会用到，按照上一节课的开心情境图片的要求准备）

（5）没有人物的伤心情境图片（提前准备好容易让学生感到伤心的情境图片，如呈现玩具坏了、冰激凌掉地上等图片，应突出情境、没有人物、画面清晰）

（6）有人物的伤心情境图片（提前准备好，图片中人物的伤心表情应清晰可见，如同伴伤心地看着摔坏了的玩具、家长伤心地抱着生病的宠物、陌生人伤心地看着颁奖台上的领奖人）

（7）卡片（上面写有描述情境的文字，如“爸爸周末出差，无法带我去游泳了”“跑步比赛时晨晨不小心摔了一跤，输了比赛”等）

（8）绘本《小猪威比情绪绘本——我很难过》

（9）镜子（1 面，能照清楚面部即可）

（10）情绪值卡（分别写有数字“0”“1”“2”“3”的卡片）

教学过程

一　复习导入

❶ 教师出示教学程序表、规则提示卡、奖励表并约定奖励规则。

❷ 教师检查家庭作业。

❸ 复习“开心”。

教师出示开心情境图片，学生运用句式“当……时，我感觉……开心值是……因为……”进行表达。

二 教授新知，学习“伤心”

1 阅读绘本，初学“伤心”

《小猪威比情绪绘本——我很难过》

内容简介：有很多事情让威比感到伤心、难过，比如，自己堆的城堡被别人推倒了、别人说他是坏孩子、好朋友不理他等。

（1）教师讲解绘本内容，引导学生观察并思考：

“威比感觉怎么样？”“你从哪些地方看出威比是伤心的呢？”

（2）学生发言后，教师归纳要点：“伤心就是难过、难受、悲伤等。伤心的时候，眼角向下或有眼泪流出，嘴巴扁扁的或嘴角向下，眉头皱起。”

2 示范表演，体验“伤心”

（1）教师对着镜子做出伤心的表情，和学生说：“请你和我这样做。”

（2）学生对着镜子做伤心的表情，同时，教师强调：“伤心的时候我们可能会哭。”

3 观察图片 / 卡片，分辨“伤心”

（1）按照数量由少到多、表情由熟悉到陌生、表情呈现由照片到卡通图片的原则，教师依次出示面部表情彩色照片、面部表情黑白照片、面部表情彩色卡通图片，同时提问：“哪些表情看起来是伤心呢？”

注意：根据学生的能力水平，决定如何组合情绪程度不同的图片，比如，针对能力较弱的学生，可将情绪差异程度较高的图片组合在一起，如“平静”（情绪值为 0）和“非常伤心”（情绪值为 3）的图片，“非常开心”（情绪值为 3）和“非常伤心”（情绪值为 3）的图片。

（2）教师出示没有人物的伤心情境图片，并提问：“当……时，你感觉伤心吗？”“为什么呢？”

（3）教师出示有人物的伤心情境图片，并提问：“图片上的人感觉怎么样？”“他 / 她为什么会有这种情绪呢？”

（4）教师出示写有描述伤心情境的文字卡片或者说出这些文字，并提问:“遇到这种情况时，你/晨晨（视卡片上人物名字而定）感觉如何?”“为什么呢?”（根据学生的识字水平和语言理解能力，决定是否实施此环节）

教师强调:“当我们喜欢的东西丢了或坏了、想做的事情做不了、想见的人见不着时，就会感到伤心;伤心的时候，我们想哭，眉头会皱起来，眼睛可能会流泪，嘴角向下。”

❹ 游戏互动，表达“伤心”

（1）教师和学生玩“剪刀石头布”游戏，输的一方用句子表达:“我输了，感到伤心!”观看的学生说:“没关系，继续加油!”

（2）学生之间玩“剪刀石头布”游戏，输的学生用句子表达:“我输了，感到伤心!”观看的学生向输的学生说:“没关系，继续加油!”

（3）教师点评学生的表现并小结:“当我们感觉伤心的时候，我们可以说出来。”

三 教授新知，学习伤心值

伤心值表

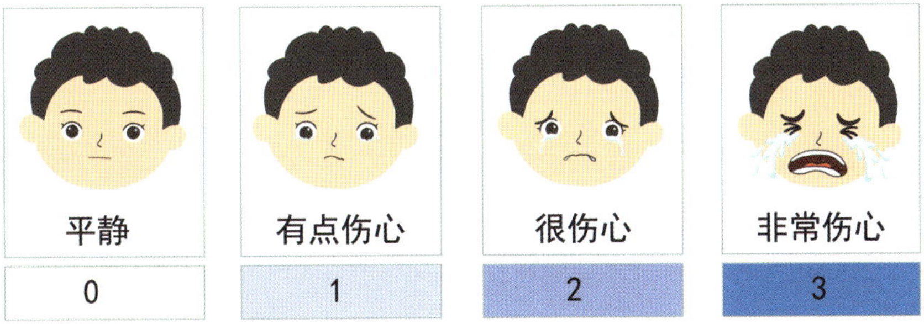

❶ 观察图片，感知伤心值

（1）教师出示伤心值表并引导学生从颜色、数字、面部表情（眼睛、嘴巴、眉毛）等的变化回答问题:“从这张表上你看到了什么?”

在学生讨论并回答后，教师进行小结:“伤心的颜色是蓝色;伤心值有0、1、2、3，分别代表‘平静’‘有点伤心’‘很伤心’‘非常伤心’，对应的眼睛、嘴巴、眉毛形状也不一样。”

（2）教师进一步提问:“伤心值0和伤心值3的表情有什么不同呢?”

在学生讨论并回答后，教师进行小结:“伤心值是0时，表示平静，眼睛睁开，既不睁大也不眯起，嘴巴闭着；伤心值是3时，表示非常伤心，流出很多眼泪，眉头皱起来，嘴巴微张，嘴角朝下。”

（3）教师小结：“伤心有不同的程度，可以用文字或数字来描述不同程度的伤心。平静的时候，伤心值是0；如果只是有一点伤心，伤心值是1；有时候我们会很伤心，伤心值是2；有时候我们会非常伤心，伤心值是3。”

❷ 观看视频，体验伤心值

（1）观看视频1.2.1“小凯找不到拼图”。

▶ 播放视频至第5秒时暂停：

①教师引导学生根据自己的真实感受回答如下问题：“发生了什么事？”“如果你是小凯，你感觉如何？”“你为什么会有这种感觉？”

②学生因感受不同，给出的答案也会不一样：“我找不到拼图时会感到伤心，因为我喜欢玩拼图。”“我找不到拼图时感觉平静，因为我不太喜欢玩拼图。”

③教师引导学生留意其他学生的不同答案并进行小结：“情绪是一种个人感受，对同一件事情，我们可能会有不同的感受。”

▶ 继续播放视频至结束：

①教师通过提问：“小凯的情绪如何？”引导学生关注视频中人物的感受。

②教师引导学生比较自己的感受与视频中小凯的感受，让学生对情绪的主观性有进一步体验。

③教师引导学生观察小凯平静时的面部表情：“眼睛睁开，既不睁大也不眯起，嘴巴闭着。”

④教师强调：“平静时，伤心值是0。”

> 注意：教师须强调视频中的内容都是虚构的，不是真实的，避免学生沉浸其中。

（2）观看视频1.2.2、1.2.3、1.2.4，按照上述步骤完成相应的教学活动。

❸ 配对活动，练习伤心值

（1）教师依照情绪差异程度由高到低、配对的组数由少到多的原则组织学生完成将面部表情图片/情境图片/文字描述与伤心值进行配对的活动，如将 0 和 3 作为第一组伤心值与图片 / 文字进行配对，然后将 1 和 3 作为第二组伤心值与图片 / 文字进行配对，再将 0、1 和 3 作为第三组伤心值与图片 / 文字进行配对，以此类推。

（2）教师点评学生的表现。

四 团体活动，巩固拓展

活动：我的情绪地盘

活动步骤：

第一，教师将情绪值卡 0、1、2、3 摆在地上。

第二，教师出示“打针”的图片并说：“看到这张图片时，你感觉怎么样？请选择！”

第三，依次邀请四位学生根据自己的答案站在相应的情绪值卡上。

第四，站好后，学生用句式“生病打针时，我感觉……伤心值是……”表达自己的情绪。

教师引导学生观察上台的四位学生所选的情绪值，进行小结：“情绪是我们的主观感受，对同样的事情，不同的人可能会有不同的感受，也可能会有不同的情绪值。”

五 课堂总结

❶ 小结与奖励

（1）课堂小结：“本节课我们主要学习了伤心和伤心值，我们可以用 0、1、2、3 来表示自己的伤心程度。生活中当某件事让我们感觉伤心时，我们可以说出来：‘当……时，我感觉……伤心值是……’”

（2）教师点评学生的课堂表现，学生清点代币数量。

（3）教师兑现奖励。

❷ 布置家庭作业

❸ 完成学习评价表

泛化技巧

❶ 家长或老师可根据学生的能力，选择以文字描述、画画或者粘贴图片等方式让学生完成家庭作业。

❷ 家长或老师引导学生将所学的伤心情绪辨识技能泛化到不同的场景（家庭或学校）中和不同的人物（家人或老师）身上。

❸ 家长可根据孩子的情况创设体验不同伤心值的情境，让孩子体验和表达，如："爸爸批评我，我非常伤心，伤心值是3。""妈妈不让我看电视，我很伤心，伤心值是2。""放学时妈妈没有来接我，我感觉有点伤心，伤心值是1。""我的橡皮擦丢了，感觉一般，伤心值是0。"

❹ 家长可在自然情境中主动向孩子表达自己的伤心情绪，如："妈妈今天炒的菜大家都不喜欢吃，妈妈感觉有点伤心，伤心值是1。"

家庭作业

请在空白处用文字描述一件让你感觉伤心的事情，或者画下、粘贴一幅让你感觉伤心的图片，并在情绪值表下的方框里用“√”标注你的情绪值。

让我感觉伤心的事情：				
我的情绪值				
	平静	有点伤心	很伤心	非常伤心
	0	1	2	3

学习评价表

项　　目	评估结果				备 注
	0	1	2	3	
能说出图片中的伤心情绪					
能将图片与伤心值配对					
能将文字描述与伤心值配对					
能根据图片 / 视频 / 文字描述，说出自己伤心的情绪和伤心值					
能根据图片 / 视频 / 文字描述，说出自己伤心的原因					
能根据图片 / 视频 / 文字描述，说出他人伤心的情绪和伤心值					
能根据图片 / 视频 / 文字描述，说出他人伤心的原因					

评分标准：3 分，表示能独立完成该项目；2 分，表示在单一辅助下完成该项目；1 分，表示在两个或两个以上辅助下完成该项目；0 分，表示在任何辅助下都不能完成该项目。

第三课
生气及生气值

先备技能

1. 能遵守基本的课堂规则，如在集体课上安坐、听指令等
2. 能理解代币的使用规则
3. 能理解词语“一般”“有点”“很”“非常”
4. 能根据简单事件回答含有“为什么”的问句
5. 能识别开心、伤心情绪

教学目标

1. 能命名图片中的“生气”情绪
2. 能理解生气值“0、1、2、3”与“平静、有点生气、很生气、非常生气”的对应关系
3. 能运用句式表达生气和生气值
4. 能理解并表达生气的原因

教学重点、难点

1. 命名图片中的“生气”情绪
2. 理解生气值“0、1、2、3”与“平静、有点生气、很生气、非常生气”的对应关系

教学时长

70~90 分钟，可根据学生的掌握情况灵活调整时长

教学准备

1. 常规工具

教学程序表、规则提示卡、奖励表、家庭作业、学习评价表（见线上

资源）

2. 教学材料

（1）“平静”“开心”“伤心”“生气”的面部表情彩色照片（提前准备好学生本人或其家人表情的彩色照片，应突出面部表情且背景干净）

（2）“平静”“开心”“伤心”“生气”的面部表情黑白照片（提前准备好陌生人表情的黑白照片，应突出面部表情且背景干净）

（3）“平静”“开心”“伤心”“生气”的面部表情彩色卡通图片、生气值表、配套视频（见线上资源）

（4）开心、伤心情境图片（在复习环节会用到，按照前两节课的开心/伤心情境图片的要求准备）

（5）没有人物的生气情境图片（提前准备好容易让学生感到生气的情境图片，如呈现被撕烂的作业本、烤煳的牛排等图片，应突出情境、没有人物、画面清晰）

（6）有人物的生气情境图片（提前准备好，图片中人物的生气表情应清晰可见，如同学生气地拍桌子、家长生气地对孩子喊、陌生人生气地扔东西）

（7）卡片（上面写有描述情境的文字，如“同桌扔了垃圾，老师却批评我”“妈妈答应陪小艾一起去动物园，结果妈妈临时有事不去了”等）

（8）绘本《小猪威比情绪绘本——我很生气》

（9）镜子（1面，能照清楚面部即可）

（10）情绪值卡（分别写有数字“0”“1”“2”“3”的卡片）

教学过程

一 复习导入

❶ 教师出示教学程序表、规则提示卡、奖励表并约定奖励规则。

❷ 教师检查家庭作业。

❸ 复习“开心”“伤心”。

教师依次出示开心、伤心情境图片，学生运用句式“当……时，我感觉……开心值/伤心值是……因为……”进行表达。

二 教授新知，学习“生气”

❶ 阅读绘本，初学“生气”

《小猪威比情绪绘本——我很生气》

内容简介： 有很多事情让威比感到生气，比如，想要的东西没有了、美梦被打断、玩具被别人抢走或者被玩坏了等。

（1）教师讲解绘本内容，引导学生观察并思考：

“威比感觉怎么样？”“你从哪些地方看出威比是生气的呢？”

（2）学生发言后，教师归纳要点：“生气是指因事情不合心意而感到不愉快、愤怒等。生气时，我们的眉头会皱起、眼睛瞪起来、鼻翼扩张、嘴巴抿紧或咬牙切齿。”

❷ 示范表演，体验“生气”

（1）教师对着镜子做出生气的表情，和学生说：“请你和我这样做。”

（2）学生对着镜子做生气的表情，同时，教师强调：“生气的时候我们可能会咬牙切齿。”

❸ 观察图片 / 卡片，分辨“生气”

按照数量由少到多、表情由熟悉到陌生、表情呈现由照片到卡通图片的原则，教师依次出示面部表情彩色照片、面部表情黑白照片、面部表情彩色卡通图片，同时提问：“哪些表情看起来是生气呢？”

注意：根据学生的能力水平，决定如何组合情绪程度不同的图片，比如，针对能力较弱的学生，可将情绪差异程度较高的图片组合在一起，如“平静”（情绪值为 0）和“非常生气”（情绪值为 3）的图片，“非常开心”（情绪值为 3）和“非常生气”（情绪值为 3）的图片。

（2）教师出示没有人物的生气情境图片，并提问：“当……时，你感觉生气吗？为什么呢？”

（3）教师出示有人物的生气情境图片，并提问：“图片上的人感觉怎么样？”“他 / 她为什么会有这种情绪呢？”

（4）教师出示写有描述生气情境的文字卡片或者说出这些文字，并提问：“遇到这种情况时，你 / 小艾（视卡片上人物名字而定）感觉如何？”“为什么呢？”（根据学生的识字水平和语言理解能力，决定是否实施此环节）

教师强调：“喜欢的东西被别人抢走或打烂、出去玩的计划突然被取消等，这些事情都会让我们感到生气；生气时通常会皱眉头、瞪眼睛、抿嘴巴甚至咬牙切齿。”

❹ 角色扮演，表达“生气”

（1）教师依次邀请三名学生上台，向他们出示情境图片 / 卡片（如“刚画好的画被同学撕坏了”）。

（2）台上的学生表演相应的情绪并说出：“我刚画好的画被同学撕坏了，我非常生气。”

（3）教师向观看的学生提问：“当你画好的画被别人撕坏时，你的感受是什么？”引导观看的学生表达自己的感受。

（4）教师点评学生的表现并小结：“当我们感到生气时，我们可以说出来。”

三 教授新知，学习生气值

❶ 观察图片，感知生气值

生气值表

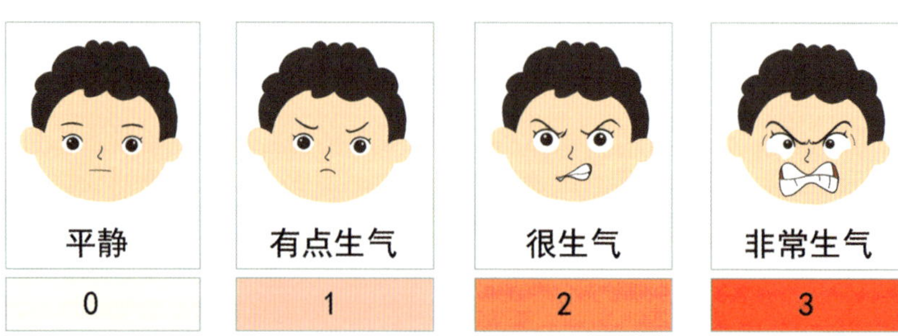

（1）教师出示生气值表并引导学生从颜色、数字、面部表情（眼睛、嘴巴、眉毛）等的变化回答问题：“从这张表上你看到了什么？”

在学生讨论并回答后，教师进行小结：“生气的颜色是红色；生气值有0、1、2、3，分别代表‘平静’‘有点生气’‘很生气’‘非常生气’，对应的眼睛、嘴巴、眉毛形状也不一样。”

（2）教师进一步提问：“生气值 0 和生气值 3 的表情有什么不同呢？”

在学生讨论并回答后，教师进行小结：“生气值是 0 时，表示平静，眼睛睁开，既不睁大也不眯起，嘴巴闭着；生气值是 3 时，表示非常生气，眉头皱起，眼睛瞪得大大的，嘴巴抿紧，甚至还会咬牙切齿。”

（3）教师小结：“生气有不同的程度，可以用文字或数字来描述。平静的时候，生气值是 0；有时只是有一点生气，生气值是 1；有时会很生气，生气值是 2；有时会非常生气，生气值是 3。”

❷ 观看视频，体验生气值

（1）观看视频 1.3.1“小凯的画笔被拿走了”。

▶ 播放视频至第 5 秒时暂停：

①教师引导学生根据自己的真实感受回答如下问题：“发生了什么事？”“如果你是小凯，你感觉如何？”“你为什么会有这种感觉？”

②学生因感受不同，给出的答案也会不一样：“如果我的画笔被拿走，我会感到很生气，因为我喜欢画画。”“画笔被拿走，我感到平静，因为我不喜欢画画。”

③教师引导学生留意其他学生的不同答案并进行小结：“情绪是一种个人感受，对同一件事情，不同的人可能会有不同的感受。”

▶ 继续播放视频至结束：

①教师通过提问：“小凯的情绪如何？”引导学生关注视频中人物的感受。

②教师引导学生比较自己的感受与视频中小凯的感受，让学生对情绪的主观性有进一步体验。

③教师引导学生观察小凯平静时的面部表情：“眼睛睁开，既不睁大也不眯起，嘴巴闭着。”

④教师强调：“平静时，生气值是 0。”

注意：教师须强调视频中的内容都是虚构的，不是真实的，避免学生沉浸其中。

（2）观看视频 1.3.2、1.3.3、1.3.4，按照上述步骤完成相应的教学活动。

❸ 配对活动，练习生气值

（1）教师依照情绪差异程度由高到低、配对的组数由少到多的原则组织学生完成将面部表情图片 / 情境图片 / 文字描述与生气值进行配对的活动，如将 0 和 3 作为第一组生气值与图片 / 文字进行配对，然后将 1 和 3 作为第二组生气值与图片 / 文字进行配对，再将 0、1 和 3 作为第三组生气值与图片 / 文字进行配对，以此类推。

（2）教师点评学生的表现。

四 团体活动，巩固拓展

活动：我的情绪地盘

活动步骤：

第一，教师将情绪值卡 0、1、2、3 摆在地上。

第二，教师出示“搭好的积木被同学推倒”的图片并说：“看到这张图片时，你感觉怎么样？请选择！”

第三，依次邀请四位学生根据自己的答案站在相应的情绪值卡上。

第四，站好后，学生用句式“我搭好的积木被推倒了，我感觉……生气值是……”表达自己的情绪。

教师引导学生观察上台的四位学生所选的情绪值，进行小结：“情绪是我们的主观感受，对同样的事情，不同的人可能会有不同的感受，也可能会有不同的情绪值。”

五 课堂总结

❶ 小结与奖励

（1）课堂小结：“本节课我们主要学习了生气和生气值，我们可以用 0、1、2、3 来表示自己的生气程度。生活中遇到不合心意的事情时，我们会生气，生气时我们可以说出来：‘当……时，我感觉……生气值是……’”

（2）教师点评学生的课堂表现，学生清点代币数量。

（3）教师兑现奖励。

2 布置家庭作业

3 完成学习评价表

泛化技巧

1 家长或老师可根据学生的能力，选择以文字描述、画画或者粘贴图片等方式让学生完成家庭作业。

2 家长或老师引导学生将所学的生气情绪辨识技能泛化到不同的场景（家庭或学校）中和不同的人物（家人或老师）身上。

3 家长可根据孩子的情况创设体验不同生气值的情境，让孩子体验和表达，如："同学嘲笑我，我非常生气，生气值是3。""搭好的积木被小朋友推倒了，我感到很生气，生气值是2。""上公交车的时候被别人踩了一脚，我感觉有点生气，生气值是1。""找不到我的铅笔，我感觉平静，生气值是0。"

4 家长可在自然情境中主动向孩子表达自己的生气情绪，如："你乱丢垃圾，把家里弄得很脏，妈妈非常生气，生气值是3。"

家庭作业

请在空白处用文字描述一件让你感觉生气的事情，或者画下、粘贴一幅让你感觉生气的图片，并在情绪值表下的方框里用“√”标注你的情绪值。

让我感觉生气的事情：

我的情绪值	 平静 0	 有点生气 1	 很生气 2	 非常生气 3

学习评价表

项　　目	评估结果				备 注
	0	1	2	3	
能说出图片中的生气情绪					
能将图片与生气值配对					
能将文字描述与生气值配对					
能根据图片 / 视频 / 文字描述，说出自己生气的情绪和生气值					
能根据图片 / 视频 / 文字描述，说出自己生气的原因					
能根据图片 / 视频 / 文字描述，说出他人生气的情绪和生气值					
能根据图片 / 视频 / 文字描述，说出他人生气的原因					

评分标准：3 分，表示能独立完成该项目；2 分，表示在单一辅助下完成该项目；1 分，表示在两个或两个以上辅助下完成该项目；0 分，表示在任何辅助下都不能完成该项目。

第四课

害怕及害怕值

先备技能

1. 能遵守基本的课堂规则，如在集体课上安坐、听指令等
2. 能理解代币的使用规则
3. 能理解词语“一般”“有点”“很”“非常”
4. 能根据简单事件回答含有“为什么”的问句
5. 能识别开心、伤心、生气情绪

教学目标

1. 能命名图片中的“害怕”情绪
2. 能理解生气值“0、1、2、3”与“平静、有点害怕、很害怕、非常害怕”的对应关系
3. 能运用句式表达害怕和害怕值
4. 能理解并表达害怕的原因

教学重点、难点

1. 命名图片中的“害怕”情绪
2. 理解害怕值“0、1、2、3”与“平静、有点害怕、很害怕、非常害怕”的对应关系

教学时长

70~90 分钟，可根据学生的掌握情况灵活调整时长

教学准备

1. 常规工具

教学程序表、规则提示卡、奖励表、家庭作业、学习评价表（见线上

资源）

2. 教学材料

（1）“平静”“开心”“伤心”“生气”“害怕”的面部表情彩色照片（提前准备好学生本人或其家人表情的彩色照片，应突出面部表情且背景干净）

（2）“平静”“开心”“伤心”“生气”“害怕”的面部表情黑白照片（提前准备好陌生人表情的黑白照片，应突出面部表情且背景干净）

（3）“平静”“开心”“伤心”“生气”“害怕”的面部表情彩色卡通图片、害怕值表、配套视频（见线上资源）

（4）开心、伤心、生气情境图片（在复习环节会用到，按照前三节课的开心 / 伤心 / 生气情境图片的要求准备）

（5）没有人物的害怕情境图片（提前准备好学生容易感到害怕的情境图片，如呈现一匹眼睛闪着绿光的狼、一座古老幽暗的城堡等图片，应突出情境、没有人物、画面清晰）

（6）有人物的害怕情境图片（提前准备好，图片中人物的害怕表情应清晰可见，如同学害怕地站在密室门口、家长害怕地站在岩石上、陌生人害怕地看着一条大狼狗）

（6）卡片（上面写有描述情境的文字，如“电闪雷鸣的晚上你独自一人在家”“去森林探险，林中的河里有鳄鱼”）

（7）绘本《小猪威比情绪绘本——我很害怕》

（8）镜子（1 面，能照清楚面部即可）

（9）情绪值卡（分别写有数字“0”“1”“2”“3”的卡片）

教学过程

一 复习导入

❶ 教师出示教学程序表、规则提示卡、奖励表并约定奖励规则。

❷ 教师检查家庭作业。

❸ 复习“开心”“伤心”“生气”。

教师依次出示开心、伤心、生气情境图片，学生运用句式“当……时，我感觉……开心值 / 伤心值 / 生气值是……因为……”进行表达。

二 教授新知，学习“害怕”

❶ 阅读绘本，初学“害怕”

《小猪威比情绪绘本——我很害怕》

内容简介： 很多事情让威比感到害怕，比如，害怕一个人在家、害怕打针、害怕小狗、害怕黑黑的房间等。

（1）教师讲解绘本内容，引导学生观察并思考：

“威比感觉怎么样？”“你从哪些地方看出威比在害怕呢？”

（2）学生发言后，教师归纳要点：“害怕是指面临险境而感到恐惧、惊慌等。害怕时，我们的眉毛抬起，眼睛睁大，嘴巴张大，有时身体会出冷汗或者发抖。”

❷ 示范表演，体验“害怕”

（1）教师对着镜子做出害怕的表情，和学生说：“请你和我这样做。”

（2）学生对着镜子做害怕的表情，同时，教师强调：“害怕的时候我们会眼睛睁大（或者紧闭），有时身体会出冷汗或者发抖。”

❸ 观察图片 / 卡片，分辨“害怕”

（1）按照数量由少到多、表情由熟悉到陌生、表情呈现由照片到卡通图片的原则，教师依次出示面部表情彩色照片、面部表情黑白照片、面部表情彩色卡通图片，同时提问：“哪些表情看起来是害怕呢？”

注意：根据学生的能力水平，决定如何组合情绪程度不同的图片，比如，针对能力较弱的学生，可将情绪差异程度较高的图片组合在一起，如“平静”（情绪值为 0）和“非常害怕”（情绪值为 3）的图片，“非常开心”（情绪值为 3）和“非常害怕”（情绪值为 3）的图片。

（2）教师出示没有人物的害怕情境图片，并提问：“当……时，你感到害怕吗？”“为什么呢？”

（3）教师出示有人物的害怕情境图片，并提问：“图片上的人感觉怎么样？”“他 / 她为什么会有这种情绪呢？”

（4）教师出示写有描述害怕情境的文字卡片或者说出这些文字，并提问:“遇到这种情况时,你/小凯(视卡片上人物名字而定)感觉如何?”“为什么呢?”(根据学生的识字水平和语言理解能力,决定是否实施此环节)

教师强调:“遇到危险的动物、做惊险的事、看到坏人时,我们都会感到害怕;害怕的时候,通常我们会眼睛睁大,眉毛抬起,嘴巴张大,有时身体会出冷汗或者发抖。”

❹ 角色扮演,表达“害怕”

(1)教师依次邀请三名学生上台,向他们出示情境图片/卡片(如“天快黑了,在公园里迷路了”)。

(2)台上的学生表演相应的情绪并说出:“天快黑了,我在公园里迷路了,我感到非常害怕。”

(3)教师向观看的学生提问:“你在公园里迷路了,天又快黑了,这时你的感受是什么?”引导观看的学生表达自己的感受。

(4)教师点评学生的表现并小结:“当我们感到害怕时,我们可以说出来。”

三 教授新知,学习害怕值

❶ 观察图片,感知害怕值

害怕值表

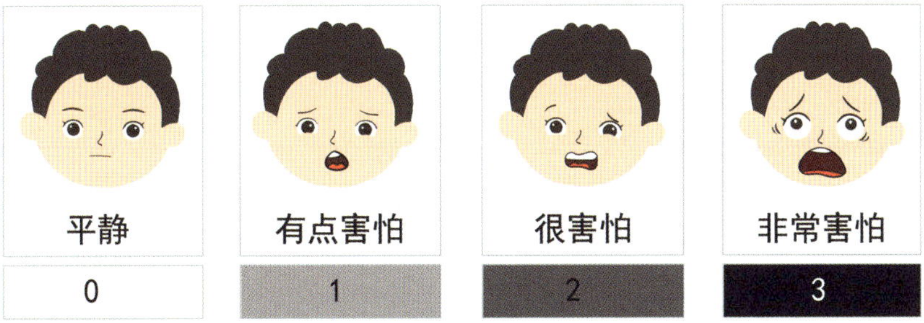

(1)教师出示害怕值表并引导学生从颜色、数字、面部表情(眼睛、嘴巴、眉毛)等的变化回答问题:“从这张表上你看到了什么?”

在学生讨论并回答后,教师进行小结:“害怕的颜色是黑色;害怕值有0、1、2、3,分别代表‘平静’‘有点害怕’‘很害怕’‘非常害怕’,对应的眼睛、嘴巴、眉毛形状也不一样。”

（2）教师进一步提问：“害怕值 0 和害怕值 3 的表情有什么不同呢？”

在学生讨论并回答后，教师进行小结：“害怕值是 0 时，表示平静，眼睛睁开，既不睁大也不眯起，嘴巴闭着；害怕值是 3 时，表示非常害怕，眉毛抬起，眼睛睁大，嘴巴张大，有时身体会出冷汗或者发抖。”

（3）教师小结：“害怕有不同的程度，可以用文字或数字来描述。平静的时候，害怕值是 0；有时只是有一点害怕，害怕值是 1；有时会很害怕，害怕值是 2；有时会非常害怕，害怕值是 3。”

❷ 观看视频，体验害怕值

（1）观看视频 1.4.1“滑滑梯”。

▶ 播放视频至第 4 秒时暂停：

①教师引导学生根据自己的真实感受回答如下问题：“发生了什么事？”“如果你是小凯，你感觉如何？”“你为什么会有这种感觉？”

②学生因感受不同，给出的答案也会不一样：“我滑滑梯的时候觉得有点害怕，因为我怕高。”“我滑滑梯时会感到开心，因为我喜欢滑滑梯。”

③教师引导学生留意其他学生的不同答案并进行小结：“情绪是一种个人感受，对同一件事情，不同的人可能会有不同的感受。”

▶ 继续播放视频至结束：

①教师通过提问：“小凯的情绪如何？”引导学生关注视频中人物的感受。

②教师引导学生比较自己的感受与视频中小凯的感受，让学生对情绪的主观性有进一步体验。

③教师引导学生观察小凯平静时的面部表情：“眼睛睁开，既不睁大也不眯起，嘴巴闭着。”

④教师强调：“平静时，害怕值是 0。”

注意：教师须强调视频中的内容都是虚构的，不是真实的，避免学生沉浸其中。

（2）观看视频 1.4.2、1.4.3、1.4.4，按照上述步骤完成相应的教学活动。

❸ 配对活动，练习害怕值

（1）教师依照情绪差异程度由高到低、配对的组数由少到多的原则组织学生完成将面部表情图片 / 情境图片 / 文字描述与害怕值进行配对的活动，如将 0 和 3 作为第一组害怕值与图片 / 文字进行配对，然后将 1 和 3 作为第二组害怕值与图片 / 文字进行配对，再将 0、1 和 3 作为第三组害怕值与图片 / 文字进行配对，以此类推。

（2）教师点评学生的表现。

四　团体活动，巩固拓展

活动：我的情绪地盘

活动步骤：

第一，教师将情绪值卡 0、1、2、3 摆在地上。

第二，教师出示“一条大狼狗”的图片并说：“看到这张图片时，你感觉怎么样？请选择！”

第三，依次邀请四位学生根据自己的答案站在相应的情绪值卡上。

第四，站好后，学生用句式“看到大狼狗时，我感觉……害怕值是……”表达自己的情绪。

教师引导学生观察上台的四位学生所选的情绪值，进行小结：“情绪是我们的主观感受，对同样的事情，不同的人可能会有不同的感受，也可能会有不同的情绪值。”

五　课堂总结

❶ 小结与奖励

（1）课堂小结：“本节课我们主要学习了害怕和害怕值，我们可以用 0、1、2、3 来表示自己的害怕程度。当遇到危险的事或物时，我们会感到害怕，害怕时可以说出来：‘当……时，我感觉……害怕值是……’”

（2）教师点评学生的课堂表现，学生清点代币数量。

（3）教师兑现奖励。

❷ 布置家庭作业

❸ 完成学习评价表

泛化技巧

❶ 家长或老师可根据学生的能力，选择以文字描述、画画或者粘贴图片等方式让学生完成家庭作业。

❷ 家长或老师引导学生将所学的害怕情绪的辨识技能泛化到不同的场景（家庭或学校）中和不同的人物（家人或老师）身上。

❸ 家长可根据孩子的情况创设想象不同害怕值的情境，让孩子想象和表达（不建议特意创设让孩子害怕的情境让孩子去体验），如："如果晚上回到家，家里一个人也没有，我会感到非常害怕，害怕值是3。""如果爸爸突然用很大声音和我说话，我会感到很害怕，害怕值是2。""如果我自己过马路，我会有点害怕，害怕值是1。"

❹ 家长可在自然情境中主动向孩子表达自己的害怕情绪，比如："刚才上楼时一只老鼠突然蹿过来，我很害怕，害怕值是2。"

家庭作业

请在空白处用文字描述一件让你感觉害怕的事情，或者画下、粘贴一幅让你感觉害怕的图片，并在情绪值表下的方框里用“√”标注你的情绪值。

让我感觉害怕的事情：

我的情绪值	 平静 0	 有点害怕 1	 很害怕 2	 非常害怕 3

学习评价表

项　　目	评估结果				备 注
	0	1	2	3	
能说出图片中的害怕情绪					
能将图片与害怕值配对					
能将文字描述与害怕值配对					
能根据图片 / 视频 / 文字描述，说出自己害怕的情绪和害怕值					
能根据图片 / 视频 / 文字描述，说出自己害怕的原因					
能根据图片 / 视频 / 文字描述，说出他人害怕的情绪和害怕值					
能根据图片 / 视频 / 文字描述，说出他人害怕的原因					

评分标准：3分，表示能独立完成该项目；2分，表示在单一辅助下完成该项目；1分，表示在两个或两个以上辅助下完成该项目；0分，表示在任何辅助下都不能完成该项目。

第五课
担忧及担忧值

先备技能

1. 能遵守基本的课堂规则，如在集体课上安坐、听指令等
2. 能理解代币的使用规则
3. 能理解词语“一般”“有点”“很”“非常”
4. 能根据简单事件回答含有“为什么”的问句
5. 能识别开心、伤心、生气、害怕的情绪

教学目标

1. 能命名图片中的“担忧”情绪
2. 能理解担忧值“0、1、2、3”与“平静、有点担忧、很担忧、非常担忧”的对应关系
3. 能运用句式表达担忧和担忧值
4. 能理解并表达担忧的原因

教学重点、难点

1. 命名图片中的“担忧”情绪
2. 理解担忧值“0、1、2、3”与“平静、有点担忧、很担忧、非常担忧”的对应关系

教学时长

70~90 分钟，可根据学生的掌握情况灵活调整时长

教学准备

1. 常规工具

教学程序表、规则提示卡、奖励表、家庭作业、学习评价表（见线上

资源）

2. 教学材料

（1）“平静”“开心”“伤心”“生气”“害怕”“担忧”的面部表情彩色照片（提前准备好学生本人或其家人表情的彩色照片，应突出面部表情且背景干净）

（2）“平静”“开心”“伤心”“生气”“害怕”“担忧”的面部表情黑白照片（提前准备好陌生人表情的黑白照片，应突出面部表情且背景干净）

（3）“平静”“开心”“伤心”“生气”“害怕”“担忧”的面部表情彩色卡通图片、担忧值表、配套视频（见线上资源）

（4）开心、伤心、生气、害怕情境图片（在复习环节会用到，按照前四节课的开心/伤心/生气/害怕情境图片的要求准备）

（5）没有人物的担忧情境图片（提前准备好学生容易感到担忧的情境图片，如呈现乌云密布的天空、半路抛锚的汽车等图片，应突出情境、没有人物、画面清晰）

（6）有人物的担忧情境图片（提前准备好，图片中人物的担忧表情应清晰可见，如：放学有一会儿了，豆豆担忧地等着妈妈来接他；爸爸担忧自己上班快迟到了；陌生人担忧自己没赶上火车）

（7）卡片（上面写有描述担忧情境的文字，如“明天就要期末考试了，可我还没有好好复习”“玲玲马上要登台表演了，下面坐着好多人”）

（8）绘本《我好担心》①

（9）镜子（1面，能照清楚面部即可）

（10）情绪值卡（分别写有数字“0”“1”“2”“3”的卡片）

教学过程

一 复习导入

❶ 教师出示教学程序表、规则提示卡、奖励表并约定奖励规则。

---

① 《我好担心》由美国著名童书作家及插画家凯文·亨克斯（Kevin Henkes）所著，河北教育出版社2019年出版。

❷ 教师检查家庭作业。

❸ 复习“开心”“伤心”“生气”“害怕”。

教师依次出示开心、伤心、生气、害怕情境图片，学生运用句式“当……时，我感觉……开心值 / 伤心值 / 生气值 / 害怕值是……因为……”进行表达。

二　教授新知，学习“担忧”

❶ 阅读绘本，初学“担忧”

《我好担心》

内容简介： 小莉对每一件事都好担心，大事情、小事情、不大不小的事情。早上，小莉很担心；晚上，她也很担心；整天，她都很担心。

（1）教师讲解绘本内容，引导学生观察并思考：

“小莉感觉怎么样？”“你从哪些地方看出小莉在担忧呢？”

（2）学生发言后，教师归纳要点：“担忧是指担心会发生不好的事情，或会有不好的结果。担忧时，我们的眉头皱起，眼睛低垂，嘴角向下。”

❷ 示范表演，体验“担忧”

（1）教师对着镜子做出担忧的表情，和学生说：“请你和我这样做。”

（2）学生对着镜子做担忧的表情，同时，教师强调：“担忧的时候，通常我们的眉头会皱起，眼睛低垂，嘴角向下。”

❸ 观察图片，分辨“担忧”

（1）按照数量由少到多、表情由熟悉到陌生、表情呈现由照片到卡通图片的原则，教师依次出示面部表情彩色照片、面部表情黑白照片、面部表情彩色卡通图片，同时提问：“哪些表情看起来是担忧呢？”

注意：根据学生的能力水平，决定如何组合情绪程度不同的图片，比如，针对能力较弱的学生，可将情绪差异程度较高的图片组合在一起，如“平静”（情绪值为 0）和“非常担忧”（情绪值为 3）的图片，“非常开心”（情绪值为 3）和“非常担忧”（情绪值为 3）的图片。

（2）教师出示没有人物的担忧情境图片，并提问：“当……时，你感到担忧吗？”“为什么呢？”

（2）教师出示有人物的担忧情境图片，并提问：“图片上的人感觉怎么样？”“他 / 她为什么会有这种情绪呢？”

（3）教师出示写有描述担忧情境的文字卡片或者说出这些文字，并提问：“遇到这种情况时，你 / 玲玲（视卡片上人物名字而定）感觉如何？”“为什么呢？”（根据学生的识字水平和语言理解能力，决定是否实施此环节）

教师强调：“去到不熟悉的地方、参加重大事情之前（如考试、登台表演）、没完成任务（如未完成作业）等，都会让我们感到担忧。担忧的时候，通常我们的眉头皱起，眼睛低垂，嘴角向下。”

❹ 角色扮演，表达“担忧”

（1）教师依次邀请三名学生上台，向他们出示情境图片 / 卡片（如“已经放学有一会儿了，妈妈还没有来接我”）。

（2）台上的学生表演相应的情绪并说出：“已经放学有一会儿了，妈妈还没有来接我，我感到非常担忧。”

（3）教师向观看的学生提问：“已经放学有一会儿了，妈妈还没有来接你，你的感受是什么？”引导观看的学生表达自己的感受。

（4）教师点评学生的表现并小结：“当我们感到担忧时，我们可以说出来。”

三 教授新知，学习担忧值

❶ 观察图片，感知担忧值

担忧值表

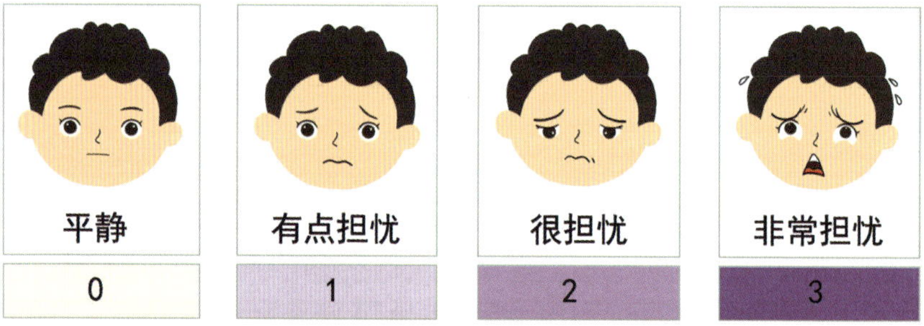

（1）教师出示担忧值表并引导学生从颜色、数字、面部表情（眼睛、嘴巴、眉毛）等的变化回答问题："从这张表上你看到了什么？"

在学生讨论并回答后，教师进行小结："担忧的颜色是紫色；担忧值有0、1、2、3，分别代表'平静''有点担忧''很担忧''非常担忧'，对应的眼睛、嘴巴、眉毛形状也不一样。"

（2）教师进一步提问："担忧值0和担忧值3的表情有什么不同呢？"

在学生讨论并回答后，教师进行小结："担忧值是0时，表示平静，眼睛睁开，既不睁大也不眯起，嘴巴闭着；担忧值是3时，表示非常担忧，眉头皱起，眼睛低垂，嘴角向下。"

（3）教师小结："担忧有不同的程度，可以用文字或者数字来描述。平静的时候，担忧值是0；有时只是有一点担忧，担忧值是1；有时会很担忧，担忧值是2；有时会非常担忧，担忧值是3。"

❷ 观看视频，体验担忧值

（1）观看视频1.5.1"小凯没准时赶到"。

▶ 播放视频至第8秒时暂停：

①教师引导学生根据自己的真实感受回答如下问题："发生了什么事？""如果你是小艾，你感觉如何？""你为什么会有这种感觉？"

②学生因感受不同，给出的答案也不一样："如果我约的朋友没及时赶到，我感到有点担忧，因为我怕他不来了。""如果我约的朋友没及时赶到，我感到非常担忧，因为我怕他发生了不好的事情。"

③教师引导学生留意其他学生的不同答案并进行小结："情绪是一种个人感受，对同一件事情，不同的人可能会有不同的感受。"

▶ 继续播放视频至结束：

①教师通过提问："小艾的情绪如何？"引导学生关注视频中人物的感受。

②教师引导学生比较自己的感受与视频中小艾的感受，让学生对情绪的主观性有进一步体验。

③教师引导学生观察小艾平静时的面部表情："眼睛睁开，既不睁大也不眯起，嘴巴闭着。"

④教师强调："平静时，担忧值是0。"

注意：教师须强调视频中的内容都是虚构的，不是真实的，避免学生沉浸其中。

（2）观看视频 1.5.2、1.5.3、1.5.4，按照上述步骤完成相应的教学活动。

❸ 配对活动，练习担忧值

（1）教师依照情绪差异程度由高到低、配对的组数由少到多的原则组织学生完成将面部表情图片 / 情境图片 / 文字描述与担忧值进行配对的活动，如将 0 和 3 作为第一组担忧值与图片 / 文字进行配对，然后将 1 和 3 作为第二组担忧值与图片 / 文字进行配对，再将 0、1 和 3 作为第三组担忧值与图片 / 文字进行配对，以此类推。

（2）教师点评学生的表现。

四 团体活动，巩固拓展

活动：我的情绪地盘

活动步骤：

第一，教师将情绪值卡 0、1、2、3 摆在地上。

第二，教师出示显示“准备回家时发现外面下雨了，却没带伞”的情境图片并说：“看到这张图片时，你感觉怎么样？请选择！”

第三，依次邀请四位学生根据自己的答案站在相应的情绪值卡上。

第四，站好后，学生用句式“准备回家时发现外面下雨了，却没带伞，我感觉……担忧值是……”表达自己的情绪。

教师引导学生观察上台的四位学生所选的情绪值，进行小结：“情绪是我们的主观感受，对同样的事情，不同的人可能会有不同的感受，也可能会有不同的情绪值。”

五 课堂总结

❶ 小结与奖励

（1）课堂小结："本节课我们主要学习了担忧和担忧值，我们可以用0、1、2、3来表示自己的担忧程度，当我们感到担忧时，我们可以说：'当……时，我感觉……担忧值是……'"

（2）教师点评学生的课堂表现，学生清点代币数量。

（3）教师兑现奖励。

❷ 布置家庭作业

❸ 完成学习评价表

泛化技巧

❶ 家长或老师可根据学生的能力，选择以文字描述、画画或者粘贴图片等方式让学生完成家庭作业。

❷ 家长或老师引导学生将所学的担忧情绪的辨识技能泛化到不同的场景（家庭或学校）中和不同的人物（家人或老师）身上。

❸ 家长可根据孩子的情况创设体验不同担忧值的情境，让孩子体验和表达，如："作业没有写完会被老师批评，我非常担忧，担忧值是3。""爸爸出差了我很担忧，担忧值是2。""到学校才发现忘记带饭盒了，有点担忧，担忧值是1。"

❹ 家长可在自然情境中主动向孩子表达自己的担忧情绪，比如："你总是学不会做饭，长大以后怎么办呢？妈妈感到非常担忧，担忧值是3。"

家庭作业

请在空白处用文字描述一件让你感觉担忧的事情，或者画下、粘贴一幅让你感觉担忧的图片，并在情绪值表下的方框里用“√”标注你的情绪值。

让我感觉担忧的事情：

我的情绪值	 平静 0	 有点担忧 1	 很担忧 2	 非常担忧 3

学习评价表

项　　目	评估结果				备 注
	0	1	2	3	
能说出图片中的担忧情绪					
能将图片与担忧值配对					
能将文字描述与担忧值配对					
能根据图片／视频／文字描述，说出自己担忧的情绪和担忧值					
能根据图片／视频／文字描述，说出自己担忧的原因					
能根据图片／视频／文字描述，说出他人担忧的情绪和担忧值					
能根据图片／视频／文字描述，说出他人担忧的原因					

评分标准：3分，表示能独立完成该项目；2分，表示在单一辅助下完成该项目；1分，表示在两个或两个以上辅助下完成该项目；0分，表示在任何辅助下都不能完成该项目。

第六课
厌恶及厌恶值

先备技能

1. 能遵守基本的课堂规则，如在集体课上安坐、听指令等
2. 能理解代币的使用规则
3. 能理解词语“一般”“有点”“很”“非常”
4. 能根据简单事件回答含有“为什么”的问句
5. 能识别开心、伤心、生气、害怕、担忧的情绪

教学目标

1. 能命名图片中的“厌恶”情绪
2. 能理解厌恶值“0、1、2、3”与“平静、有点厌恶、很厌恶、非常厌恶”的对应关系
3. 能运用句式表达厌恶和厌恶值
4. 能理解并表达厌恶的原因

教学重点、难点

1. 命名图片中的“厌恶”情绪
2. 理解厌恶值“0、1、2、3”与“平静、有点厌恶、很厌恶、非常厌恶”的对应关系

教学时长

70~90 分钟，可根据学生的掌握情况灵活调整时长

教学准备

1. 常规工具

教学程序表、规则提示卡、奖励表、家庭作业、学习评价表（见线上

资源）

2. 教学材料

（1）“平静”“开心”“伤心”“生气”“害怕”“担忧”“厌恶”的面部表情彩色照片（提前准备好学生本人或其家人表情的彩色照片，应突出面部表情且背景干净）

（2）“平静”“开心”“伤心”“生气”“害怕”“担忧”“厌恶”的面部表情黑白照片（提前准备好陌生人表情的黑白照片，应突出面部表情且背景干净）

（3）“平静”“开心”“伤心”“生气”“害怕”“担忧”“厌恶”的面部表情彩色卡通图片、厌恶值表、配套视频（见线上资源）

（4）开心、伤心、生气、害怕、担忧情境图片（在复习环节会用到，按照前五节课的开心/伤心/生气/害怕/担忧情境图片的要求准备）

（5）没有人物的厌恶情境图片（提前准备好学生容易感到厌恶的情境图片，如呈现叮了好多苍蝇的垃圾、污水横流的地面等图片，应突出情境、没有人物、画面清晰）

（6）有人物的厌恶情境图片（提前准备好，图片中人物的厌恶表情应清晰可见，如好朋友厌恶地将榴梿雪糕递给另一位同学、家长厌恶地收拾满地的臭袜子、陌生人厌恶地看着一名酒鬼）

（7）卡片（上面写有描述厌恶情境的文字，如“去田边玩时一脚踩进了臭水坑”“看到小区花园的台阶上有好多鼻涕虫”）

（8）绘本《我讨厌妈妈》①

（9）镜子（1 面，能照清楚面部即可）

（10）情绪值卡（分别写有数字“0”“1”“2”“3”的卡片）

教学过程

一 复习导入

❶ 教师出示教学程序表、规则提示卡、奖励表并约定奖励规则。

❷ 教师检查家庭作业。

---

① 《我讨厌妈妈》由日本绘本创作者酒井驹子所著，新蕾出版社 2021 年出版。

③ 复习“开心”“伤心”“生气”“害怕”“担忧”。

教师依次出示开心、伤心、生气、害怕、担忧情境图片，学生运用句式“当……时，我感觉……开心值 / 伤心值 / 生气值 / 害怕值 / 担忧值是……因为……”进行表达。

二 教授新知，学习“厌恶”

① 阅读绘本，初学“厌恶”

《我讨厌妈妈》

内容简介：小兔子讨厌妈妈，因为妈妈没帮他洗袜子、对他发脾气，还一直催他快点吃饭、不准他看动画片，结果礼拜天因为睡懒觉他饿肚子……

（1）教师讲解绘本内容，引导学生观察并思考：

“小兔子感觉怎么样？”“你从哪些地方看出小兔子厌恶妈妈呢？”

（2）学生发言后，教师归纳要点：“厌恶也叫讨厌、憎恶，是一种反感的情绪，比如，当鼻子闻到、耳朵听到、眼睛看到或者手触摸到令人恶心的东西时，我们会觉得厌恶。感到厌恶时，通常我们的眉头会皱起，眼睛斜瞥，嘴巴撇向一边。”

② 示范表演，体验“厌恶”

（1）教师对着镜子做出厌恶的表情，和学生说：“请你和我这样做。”

（2）学生对着镜子做厌恶的表情，同时，教师强调：“厌恶的时候，通常我们的眉头会皱起，眼睛斜瞥，嘴巴撇向一边。”

③ 观察图片 / 卡片，分辨“厌恶”

（1）按照数量由少到多、表情由熟悉到陌生、表情呈现由照片到卡通图片的原则，教师依次出示面部表情彩色照片、面部表情黑白照片、面部表情彩色卡通图片，同时提问：“哪些表情看起来是厌恶呢？”

注意：根据学生的能力水平，决定如何组合情绪程度不同的图片，比如，针对能力较弱的学生，可将情绪差异程度较高的图片组合在一起，如“平静”（情绪值为 0）和“非常厌恶”（情绪值为 3）的图片，

“非常开心”（情绪值为3）和“非常厌恶”（情绪值为3）的图片。

（2）教师出示没有人物的厌恶情境图片，并提问：“当……时，你感到厌恶吗？”“为什么呢？”

（3）教师出示有人物的厌恶情境图片，并提问：“图片上的人感觉怎么样？”“他/她为什么会有这种情绪呢？”

（4）教师出示写有描述厌恶情境的文字卡片或者说出这些文字，并提问：“遇到这种情况时，你/好朋友（视卡片上人物名字而定）感觉如何？”“为什么呢？”（根据学生的识字水平和语言理解能力，决定是否实施此环节）

教师强调：“吃到、看到、闻到、摸到恶心的东西，或者遇到不喜欢的人，都可能让我们感到厌恶。厌恶的时候，通常我们的眉头会皱起，眼睛斜瞥，嘴巴撇向一边。”

④ 角色扮演，表达“厌恶”

（1）教师依次邀请三名学生上台，向他们出示情境图片/卡片（如“走路不小心踩到狗屎”）。

（2）台上的学生表演相应的情绪并说出：“当我踩到狗屎时，我感到非常厌恶。”

（3）教师向观看的学生提问：“踩到狗屎时，你的感受是什么？”引导观看的学生表达自己的感受。

（4）教师点评学生的表现并小结：“当我们感到厌恶时，我们可以悄悄地说出来。”

三　教授新知，学习厌恶值

❶ 观察图片，感知厌恶值

厌恶值表

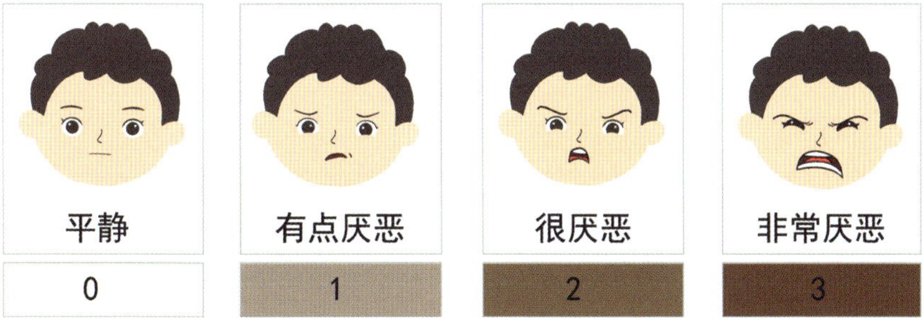

（1）教师出示厌恶值表并引导学生从颜色、数字、面部表情（眼睛、嘴巴、眉毛）等的变化回答问题："从这张表上你看到了什么？"

在学生讨论并回答后，教师进行小结："厌恶的颜色是棕色；厌恶值有0、1、2、3，分别代表'平静''有点厌恶''很厌恶''非常厌恶'，对应的眼睛、嘴巴、眉毛形状也不一样。"

（2）教师进一步提问："厌恶值0和厌恶值3的表情有什么不同呢？"

在学生讨论并回答后，教师进行小结："厌恶值是0时，表示平静，眼睛睁开，既不睁大也不眯起，嘴巴闭着；厌恶值是3时，表示非常厌恶，眉头皱起，鼻子向上挤向鼻梁处，嘴角向下。"

（3）教师小结："厌恶有不同的程度，可以用文字或数字来描述。平静的时候，厌恶值是0；有时只是有一点厌恶，厌恶值是1；有时会很厌恶，厌恶值是2；有时会非常厌恶，厌恶值是3。"

❷ 观看视频，体验厌恶值

（1）观看视频1.6.1"小凯不小心撞到小艾"。

▶ 播放视频至第6秒时暂停：

①教师引导学生根据自己的真实感受回答如下问题："发生了什么事？""如果你是小艾，你感觉如何？""你为什么会有这种感觉？"

②学生因感受不同，给出的答案也会不一样："如果别人撞到我，我会感到很厌恶，因为我不喜欢别人碰我。""如果别人撞到我，我会很生气，因为我觉得对方肯定是故意的。""我会感到平静，因为我觉得对方不是故意的。"

③教师引导学生留意其他学生的不同答案并进行小结："情绪是一种个人感受，对同一件事情，不同的人可能会有不同的感受。"

▶ 继续播放视频至结束：

①教师通过提问："小艾的情绪如何？"引导学生关注视频中人物的感受。

②教师引导学生比较自己的感受与视频中小艾的感受，让学生对情绪的主观性有进一步体验。

③教师引导学生观察小艾平静时的面部表情："眼睛睁开，既不睁大也不眯起，嘴巴闭着。"

④教师强调："平静时，担忧值是 0。"

注意：教师须强调视频中的内容都是虚构的，不是真实的，避免学生沉浸其中。

（2）观看视频 1.6.2、1.6.3、1.6.4，按照上述步骤完成相应的教学活动。

③ 配对活动，练习厌恶值

（1）教师依照情绪差异程度由高到低、配对的组数由少到多的原则组织学生完成将面部表情图片 / 情境图片 / 文字描述与厌恶值进行配对的活动，如将 0 和 3 作为第一组厌恶值与图片 / 文字进行配对，然后将 1 和 3 作为第二组厌恶值与图片 / 文字进行配对，再将 0、1 和 3 作为第三组厌恶值与图片 / 文字进行配对，以此类推。

（2）教师点评学生的表现。

四　团体活动，巩固拓展

活动：我的情绪地盘

活动步骤：

第一，教师将情绪值卡 0、1、2、3 摆在地上。

第二，教师出示"两只癞蛤蟆"的图片并说："看到这张图片时，你感觉怎么样？请选择！"

第三，依次邀请四位学生根据自己的答案站在相应的情绪值卡上。

第四，站好后，学生用句式"看到两只癞蛤蟆时，我感觉……厌恶值是……"表达自己的情绪。

教师引导学生观察上台的四位学生所选的情绪值，进行小结："情绪是我们的主观感受，对同样的事情，不同的人可能会有不同的感受，也可能会有不同的情绪值。"

五　课堂总结

① 小结与奖励

（1）课堂小结："本节课我们主要学习了厌恶和厌恶值，我们可以用 0、

1、2、3 来表示自己的厌恶程度。当我们感到厌恶时，可以悄悄地说出来：‘当……时，我感到……厌恶值是……’”

（2）教师点评学生的课堂表现，学生清点代币数量。

（3）教师兑现奖励。

② 布置家庭作业

③ 完成学习评价表

泛化技巧

❶ 家长或老师可根据学生的能力，选择以文字描述、画画或者粘贴图片等方式让学生完成家庭作业。

❷ 家长或老师引导学生将所学的厌恶情绪的辨识技能泛化到不同的场景（家庭或学校）中和不同的人物（家人或老师）身上；

❸ 家长可根据孩子的情况创设体验不同厌恶值的情境，让孩子体验和表达，如：“臭袜子的味道让我感到非常厌恶，厌恶值是 3。”“看到菜里的胡萝卜，我感到很厌恶，厌恶值是 2。”“妈妈让我清洁马桶，我感到有点厌恶，厌恶值是 1。”

❹ 家长可在自然情境中主动向孩子表达自己的厌恶情绪，比如：“睡觉的时候有只蚊子总是嗡嗡吵个不停，真是厌恶极了，厌恶值是 3。”

家庭作业

请在空白处用文字描述一件让你感觉厌恶的事情，或者画下、粘贴一幅让你感觉厌恶的图片，并在情绪值表下的方框里用“√”标注你的情绪值。

让我感觉厌恶的事情:				
我的情绪值	 平静 0	 有点厌恶 1	 很厌恶 2	 非常厌恶 3

学习评价表

项　　目	评估结果				备 注
	0	1	2	3	
能说出图片中的厌恶情绪					
能将图片与厌恶值配对					
能将文字描述与厌恶值配对					
能根据图片 / 视频 / 文字描述，说出自己厌恶的情绪和厌恶值					
能根据图片 / 视频 / 文字描述，说出自己厌恶的原因					
能根据图片 / 视频 / 文字描述，说出他人厌恶的情绪和厌恶值					
能根据图片 / 视频 / 文字描述，说出他人厌恶的原因					

评分标准：3分，表示能独立完成该项目；2分，表示在单一辅助下完成该项目；1分，表示在两个或两个以上辅助下完成该项目；0分，表示在任何辅助下都不能完成该项目。

第二单元 推测他人的情绪

本单元的总体目标与教学建议

孤独症儿童在社会交往中突出的特点就是情绪理解困难，具体表现在难以正确地表达自己的情绪、难以通过他人的非言语信息去推测和理解他人的情绪、难以恰当地回应他人的情绪，进而影响人际交往和同伴关系。上一单元的教学重在教授学生识别和理解六种情绪，本单元的总体目标是让儿童学会通过各种线索推测和理解他人的情绪。

在教学活动中，我们会结合多种教学策略教授儿童识别情绪的非言语线索（面部表情、肢体动作、语音语调）并根据社会情境、个人愿望等推测他人的情绪。另外，我们还会引导学生认识到情绪会因人、因情境的变化而产生变化，改善孤独症学生因思维刻板而出现固定的情绪推测。

本单元的教学建议：

1	本单元的教学活动中需要用到较多的图片与视频素材，有些可以从配套的线上资源中选取，有些则需要教师根据学生的实际情况提前准备。
2	情绪是人与环境互动的结果，应注重学生的情绪体验及习得能力在自然情境中的泛化。
3	同步开展老师（班主任及科任老师）与家长的培训，实现老师与家长协同教学，鼓励、引导学生在日常生活中主动观察，学会通过三种身体语言去推测他人的各种情绪，并思考情绪出现的原因。

第一课
情绪的两种身体语言

先备技能

1. 能命名六种情绪（开心、伤心、生气、害怕、担忧、厌恶）及相应的情绪值
2. 能使用简单的形容词、副词描述面部表情、肢体动作
3. 能理解代币的使用规则

教学目标

1. 能识别面部表情、肢体动作的线索
2. 能通过面部表情推测他人的情绪
3. 能结合面部表情和肢体动作推测他人的情绪

教学重点、难点

1. 能识别面部表情、肢体动作的线索
2. 能结合面部表情和肢体动作推测他人的情绪

教学时长

70~90 分钟，可根据学生的掌握情况灵活调整时长

教学准备

1. 常规工具

教学程序表、规则提示卡、奖励表、家庭作业、学习评价表（见线上资源）

2. 教学材料

（1）第一单元中使用的面部表情图片及配套视频、第二单元第一课配套视频 2.1.1 “小凯的烦恼”（见线上资源）

（2）有明显肢体动作的人物的情绪表现照片（提前准备好，人物包括熟悉的人和陌生人，其面部表情和肢体动作应清晰可见，背景干净）

（3）视频“宝宝巴士好情绪好品格：我的心情，你懂吗？”（也可以事先拍摄突出老师或家长面部表情和肢体动作的情绪表现视频）

（4）卡片（提前准备好卡片，用于提示学生需要表演的情绪，可以以文字、图片或图文结合的方式呈现所表演情绪的面部表情和肢体动作，最终选择哪种呈现方式应根据学生的实际情况而定）

教学过程

一 复习导入

❶ 教师出示教学程序表、规则提示卡、奖励表并约定奖励规则。

❷ 教师检查家庭作业。

❸ 播放视频 2.1.1 “小凯的烦恼”，出示六种情绪的面部表情图片，并提问：“这是什么情绪？”“为什么你觉得他 / 她是这个情绪呢？”复习上个单元的学习内容，引出本节课的内容——情绪的两种身体语言。

二 教授新知

❶ 身体语言之面部表情

教师出示六种情绪的卡通图片（如下图）并提问：“这是什么情绪？”“他的眼睛是怎样的？嘴巴是怎样的？眉毛是怎样的？”

 开心	眼睛：眯起或炯炯有神 嘴巴：嘴角上翘 眉毛：上扬 面颊：上提
 伤心	眼睛：眼角耷拉或有眼泪流出 嘴巴：扁扁的或嘴角向下 眉毛：拧在一起

 生气	眼睛：睁大 嘴巴：张开、咬牙切齿 眉毛：拧在一起
 害怕	眼睛：睁大 嘴巴：张大 眉毛：抬起
 担忧	眼睛：向下 嘴巴：微张、嘴角向下 眉毛：拧在一起
 厌恶	眼睛：变小、斜瞥 嘴巴：撇向一边 眉毛：眉头皱起

注意：面部表情是捕捉情绪的线索之一，因情绪是个体的情感体验，每个人的面部特征会有所差异，教师可根据实际情况进行调整。

（2）教师出示面部表情照片（熟悉的人、陌生人）并提问："这是什么情绪？""他/她的眉毛是怎样的？眼睛是怎样的？嘴巴是怎样的？"

（3）播放视频（用第一单元中各个情绪值为3的情绪表现视频），并提问："小凯/小艾是什么情绪？""他/她的眉毛是怎样的？眼睛是怎样的？嘴巴是怎样的？"

（4）教师小结："我们可以通过观察他人的眼睛、嘴巴和眉毛来推测他们的情绪。"

❷ 身体语言之肢体动作

（1）教师出示有明显肢体动作的人物（熟悉的人、陌生人）的情绪表现照片并提问："这是什么情绪？""他/她的手是怎样的？肩是怎样的？腿/脚是怎样的？"

（2）播放视频《宝宝巴士好情绪好品格：我的心情，你懂吗？》或老师/家长的情绪表现视频，组织学生讨论并总结。

当视频中人物出现某种情绪时，暂停视频并提问："这是什么情绪？""你是如何看出来的？"引导学生说出关键线索——眼睛、嘴巴、眉毛、肩膀、手、腿/脚。

（3）教师小结："我们不仅可以通过观察他人的面部表情，如眼睛、眉毛、嘴巴，来推测他人的情绪，还可以通过观察肢体动作来推测情绪，比如，非常开心时会手舞足蹈，非常伤心时会垂头丧气，非常生气时会叉腰/握拳，非常害怕时身体会发抖，非常厌恶时头和肩膀都会偏向一边。"

注意：肢体动作与具体的情绪没有明确或唯一的对应关系，比如，跺脚可能表示非常开心，也可能表示非常生气，但是作为推测情绪尤其是高情绪值的情绪的线索，相较于面部表情与语音语调，肢体动作更不易于伪装，因此，结合肢体动作进行推测更为准确。

三 巩固拓展

活动：你来做，我来猜

活动步骤：

①两名学生为一组，一人表演，另一人猜。

②教师向表演的同学出示卡片，该同学按卡片上提供的信息进行表演。

③另一名同学根据他/她的表演推测他/她的情绪。

④结束后互换角色。

教师点评学生的表现并进行小结："情绪是一个人主观的感受，但我们可以通过面部表情和肢体动作来推测别人的情绪。"

四 课堂小结

❶ 小结与奖励

（1）课堂小结：“本节课我们主要学习了两种身体语言——面部表情和肢体动作，我们可以通过观察一个人的面部表情（如眼睛、嘴巴、眉毛）和肢体动作（如手、肩膀、腿/脚）来推测他/她的情绪。”

（2）教师点评学生的课堂表现，学生清点代币数量。

（3）教师兑现奖励。

❷ 布置家庭作业

❸ 完成学习评价表

泛化技巧

❶ 家长或老师引导、鼓励学生在日常生活中通过身体语言（面部表情和肢体动作）来表达自己的情绪。

❷ 家长可以在日常生活中创设引发各种情绪的情境，并用身体语言来表达自己当时的情绪，如：看到榴梿时，做出厌恶的表情和肢体动作。

❸ 家长或老师引导、鼓励学生在自然情境（家庭或学校）中通过观察他人的身体语言（面部表情和肢体动作）来推测他们的情绪。

家庭作业

作业说明：

1. 目的：练习识别面部表情和肢体动作的线索。

2. 及时鼓励：如果孩子按时完成作业，及时给予表扬；即使作业完成得质量不高，也要对孩子的认真态度和付出的努力给予肯定。

情绪的身体语言

1.和爸爸妈妈说一说这是什么情绪。

2.根据图片的提示，和爸爸妈妈说一说开心、伤心、生气、害怕、担忧、厌恶六种情绪在面部表情、肢体动作方面的表现。

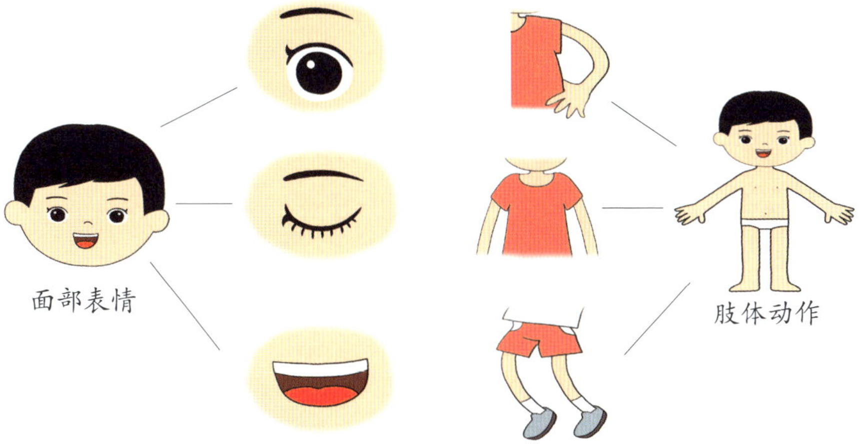

3.家长与孩子互动：一方通过两种身体语言（面部表情和肢体动作）表演六种情绪，然后由另一方来猜。

学习评价表

项　　目	评估结果				备 注
	0	1	2	3	
能识别六种情绪的面部表情线索（眉毛、眼睛、嘴巴）					
能通过面部表情推测他人的情绪					
能识别肢体动作线索（手、肩、腿/脚）					
能结合面部表情和肢体动作推测他人的情绪					

评分标准：3分，表示能独立完成该项目；2分，表示在单一辅助下完成该项目；1分，表示在两个或两个以上辅助下完成该项目；0分，表示在任何辅助下都不能完成该项目。

第二课
情绪的第三种身体语言

先备技能

1. 能命名六种情绪（开心、伤心、生气、害怕、担忧、厌恶）及相应的情绪值
2. 能识别两种身体语言（面部表情、肢体动作）
3. 能理解代币的使用规则

教学目标

1. 能识别三种身体语言（面部表情、肢体动作、语音语调）
2. 能根据语音语调推测他人的情绪
3. 能综合两种或三种身体语言推测他人的情绪

教学重点、难点

1. 通过语音语调推测他人的情绪
2. 综合两种或三种身体语言推测他人的情绪

教学时长

70~90 分钟，可根据学生的掌握情况灵活调整时长

教学准备

1. 常规工具

教学程序表、规则提示卡、奖励表、家庭作业、学习评价表（见线上资源）

2. 教学材料

（1）提前向学生家长收集学生生活中面部表情或/和肢体动作明显的情绪表现照片

（2）第一单元中各个情绪值为 3 的情绪表现视频 （见线上资源）

（3）提前录好学生、家长或教师的各种情绪表现的音频，如：“哇！明天可以去海洋馆玩了！”（开心）、“想吃的蓝莓冰激凌卖完了！”（伤心）、“什么？你又忘记把作业本带到学校了！”（生气）、“树林里可能有蛇！”（害怕）、“又堵车了，怎么办？我又要迟到了！”（担忧）、“这个饭盒多久没洗了，好脏哦！”（厌恶）

（4）卡片（提前准备好卡片，用于提示学生需要表演的情绪及说出的话，可以以文字的方式呈现，也可以由教师直接告知，最终选择哪种方式应根据学生的实际情况而定）

（5）提前录好各种情绪表现的视频（也可以剪辑电影片段），重点突出面部表情、肢体动作和语音语调

教学过程

一 复习导入

❶ 教师出示教学程序表、规则提示卡、奖励表并约定奖励规则。

❷ 教师检查家庭作业。

❸ 复习面部表情和肢体动作。

教师依次出示学生生活中面部表情或 / 和肢体动作明显的情绪表现照片，学生运用句式“……（照片中的学生姓名）感到……（情绪），因为我看到他 / 她的眉毛……眼睛……嘴巴……肩……手……脚 / 腿……”进行表达。

二 教授新知：第三种身体语言——语音语调

❶ 播放视频 1.1.4“小艾和小凯下五子棋”，并提问：“小凯的情绪如何？”“你是如何知道小凯的情绪的？”引导学生说出关键线索：“他说话的声音很大！很轻快！”“小凯说了‘哇’字。”然后对学生的发现进行总结。利用其他五种情绪表现的视频（用第一单元中各个情绪值为 3 的情绪表现视频）实施同样的教学步骤。

开心： 语速轻快，语调较高，且一直高。
伤心： 语速较慢，语调低沉，有时伴有哭泣。
生气： 语速较快，语调极高，会出现连续的降调，并且每个字都是重音。
害怕： 语速稍微加快或放缓且断断续续，语调较高或低沉。
担忧： 语速较慢，语调上下起伏。
厌恶： 语速较慢，常伴有明显的鼻音。

2 播放事先录制的学生、家长或教师的各种情绪表现的音频，每播放一条音频后提问："你觉得这是什么情绪？""为什么呢？""请你来表演一下。"

3 教师小结："语音语调也是推测情绪的线索，人处在不同的情绪中时其语音语调也会不同。"

4 角色扮演，练习情绪推测。

活动：你来做，我来猜

活动步骤：

①两名学生为一组，背靠背，一人说，另一人猜。
②向说的同学出示卡片，该同学按卡片上提示的信息进行表达。
③另一名同学根据听到的语音语调猜测他/她的情绪。
④结束后互换角色。

教师点评学生的表现并进行小结："除了面部表情、肢体动作外，我们还可以通过倾听他人的语音语调来推测他/她的情绪，比如，打电话时，虽然看不到对方，但我们可以通过对方的语音语调推测他/她的情绪。"

三 综合练习

❶ 通过肢体动作和语音语调推测情绪

活动：可爱的面具

活动步骤：

①两名学生为一组，一人表演，另一人猜。

②表演的同学戴着没有表情的面具，老师悄悄告诉他/她要表演的情绪和说的话（表演“害怕”，说：“前面那条狗看起来好凶啊！”），该同学只能用肢体动作和说话时的语音语调来表演情绪。

③另一名同学根据他/她的表演推测他/她的情绪。

④结束后互换角色。

教师点评学生的表现并进行小结：“单凭肢体动作很难准确推测他人的情绪，结合语音语调，就能较为准确地推测他人的情绪。”

❷ 通过面部表情与语音语调推测情绪

活动：木头人

活动步骤：

①两名学生为一组，一人表演，另一人猜。

②向表演的同学出示卡片，该同学按照卡片上提示的信息进行表演，表演时身体不能动，只能使用面部表情和说话时的语音语调来表演情绪。

③另一名同学根据他/她的表演推测他/她的情绪。

④结束后互换角色。

教师点评学生的表现并进行小结：“单凭面部表情很难准确推测他人的情绪，结合语音语调，就能较为准确地推测他人的情绪。”

❸ 结合三种身体语言推测情绪

（1）播放视频 1.3.4“小凯被冤枉了”至第 9 秒时暂停，提问：“小凯的情绪如何？”“情绪值是多少？”“你是通过哪种身体语言推测出来的？”

继续播放视频至结束，提问：“小凯的情绪如何？”“情绪值是多少？”“你是通过哪种身体语言推测出来的？”

（2）播放第一单元其他情绪值为 3 的情绪表现视频，步骤同上。

（3）播放事先录好的视频或剪辑好的电影片段，步骤同上。

（4）教师小结：“通过单一的身体语言推测人物的情绪，有时不够准确；如果能将他人的面部表情、肢体动作和语音语调综合在一起进行推测，结果会更为准确。”

四 课堂小结

❶ 小结与奖励

（1）课堂小结：“本节课我们主要学习了第三种身体语言——语音语调，有时我们通过倾听他人的语音语调来推测情绪。同时，我们还学习了综合三种身体语言准确地推测他人的情绪。”

（2）教师点评学生的课堂表现，学生清点代币数量。

（3）教师兑现奖励。

❷ 布置家庭作业

❸ 完成学习评价表

泛化技巧

❶ 家长或老师引导、鼓励学生在日常生活中通过任意两种或三种身体语言来表达自己的情绪。

❷ 家长可以在日常生活中创设引发各种情绪的情境，并用任意两种或三种身体语言来表达自己的情绪，如：看到榴梿时，说：“好臭啊！”同时做出厌恶的表情和肢体动作。

❸ 家长或老师引导、鼓励学生在自然情境（家庭或学校）中通过观察他人的身体语言（面部表情、肢体动作、语音语调）来推测他们的情绪。

家庭作业

作业说明：

1. 目的：综合运用推测情绪的三种身体语言：面部表情、肢体动作和语音语调。

2. 及时鼓励：如果孩子按时完成作业，及时给予表扬；即使作业完成得质量不高，也要对孩子的认真态度和付出的努力给予肯定。

情绪的身体语言

和爸爸妈妈一起玩

游戏1：声音走丢了。请一人抽取以下六张情绪卡片中的一张并通过除语音语调以外的身体语言（面部表情+肢体动作）表演此卡片所呈现的情绪。其他人推测表演的是哪种情绪，猜对的人获得一颗星，数量多的人获胜。

游戏2：可爱的面具。请一人抽取以下六张情绪卡片中的一张，然后戴上面具，通过除面部表情以外的身体语言（肢体动作+语音语调）表演此卡片所呈现的情绪。其他人推测表演的是哪种情绪，猜对的人获得一颗星，数量多的人获胜。

游戏3：木头人。请一人抽取以下六张情绪卡片中的一张并通过除肢体动作以外的身体语言（面部表情+语音语调）表演此卡片所呈现的情绪。其他人推测表演的是哪种情绪，猜对的人获得一颗星，数量多的人获胜。

学习评价表

项　目	评估结果				备 注
	0	1	2	3	
能识别六种情绪的声音线索（语音、语调）					
能通过语音语调推测他人的情绪					
能结合肢体动作和语音语调推测他人的情绪					
能结合面部表情和语音语调推测他人的情绪					
能结合三种身体语言推测他人的情绪					

评分标准：3分，表示能独立完成该项目；2分，表示在单一辅助下完成该项目；1分，表示在两个或两个以上辅助下完成该项目；0分，表示在任何辅助下都不能完成该项目。

第三课
情境与情绪

先备技能

1. 能命名六种情绪（开心、伤心、生气、害怕、担忧、厌恶）及相应的情绪值
2. 能理解简单故事并回答与故事有关的问题
3. 能理解事物之间的因果关系
4. 能根据三种身体语言推测他人的情绪
5. 能理解代币的使用规则

教学目标

1. 能根据情境推测他人的情绪
2. 能推测同一情境中不同的人的情绪，并能分辨出情绪的不同
3. 能根据情境说出人物产生情绪的原因

教学重点、难点

1. 能根据情境推测他人的情绪
2. 能推测同一情境中不同的人的情绪，并能分辨出情绪的不同
3. 能根据情境说出人物产生情绪的原因

教学时长

70~90 分钟，可根据学生的掌握情况灵活调整时长

教学准备

1. 常规工具

教学程序表、规则提示卡、奖励表、家庭作业、学习评价表（见线上资源）

2. 教学材料

（1）第一单元配套视频（见线上资源，或者提前录好情绪表现视频，重点突出面部表情、肢体动作和语音语调，用于复习）

（2）情境图片（见线上资源，共计十五个情境，每个情境都配有两张图，一张呈现非主要人物的面部表情，另一张同时呈现主要人物和非主要人物的面部表情）

教学过程

一 复习导入

❶ 教师出示教学程序表、规则提示卡、奖励表并约定奖励规则。

❷ 教师检查家庭作业。

❸ 复习通过身体语言推测他人的情绪。

播放第一单元中情绪值为 3 的情绪表现视频或事先录好的视频，同时提问："……（视频中人物姓名）是什么情绪？你是怎么判断出来的？"复习前两节课的内容，引出本节课的内容——情境与情绪。

二 教授新知

❶ 同一个人在不同的情境中会有不同的情绪

（1）通过情境图片推测人物的情绪。教师出示情境图片 2.3.1–1"小凯过生日"，并提问："发生了什么事？你们认为小凯的情绪如何？"学生回答后，教师出示情境图片 2.3.1–2，引导学生观察图片中小凯的面部表情和肢体动作，并确认小凯的情绪，然后追问："他为什么会有这样的情绪呢？"学生讨论完后，教师给出答案。教师依次出示情境图片 2.3.2—2.3.12，重复上述步骤。

（2）通过情境视频推测人物的情绪。教师播放视频（可挑选第一单元中各种情绪表现的视频，如 1.1.4"小艾和小凯下五子棋"）并提问："发生了什么事？小凯的情绪如何？他为什么会有这样的情绪？"引导学生将视频中人物的情绪和情境联系起来。

（3）教师点评学生的表现后进行小结："人的情绪和所处的情境密不可分。在不同的情境中小凯会有不同的情绪，我们也一样，在生活中会因为不同的事情有不同的情绪感受。"

❷ 同样的情境（同一个事件）中不同的人会有不同的情绪

（1）通过情境图片推测不同人物的情绪。教师出示情境图片 2.3.13–1 并提问："发生了什么事？你们认为小凯的情绪如何？小艾的情绪如何？"学生回答后，教师出示情境图片 2.3.13–2，引导学生观察图片中小凯的面部表情和肢体动作，然后追问："他们的情绪为什么不一样呢？"学生讨论完后，教师给出答案。教师依次出示情境图片 2.3.14、2.3.15，重复上述步骤。

（2）通过情境视频推测不同人物的情绪。教师播放视频 2.3.1"小凯的巧克力被换了"至第 28 秒时暂停并提问："发生了什么事？小凯的情绪如何？他为什么会有这样的情绪？"继续播放视频至结束，提问："小艾的情绪如何？她为什么会有这样的情绪？"依次播放视频 2.3.2 和 2.3.3，重复上述步骤。

（3）教师点评学生的表现并小结："相同的情境或事件中，不同的人可能会有不同的情绪。"

注意：须特别提醒学生，相同的情境中不同的人会有不同的情绪，这是正常的，情绪没有对错之分。

三 巩固拓展

活动：抢玩具熊

活动步骤：

①三名学生为一组，其中一人扮演老师。

②学生甲有一个玩具熊，学生乙去抢，最终抢到手 并开心地说："我抢到了！"学生甲伤心地说："那是我的熊！"扮演老师的学生生气地批评学生乙："你怎么可以抢别人的玩具呢？"

③教师请观看的学生回答问题："这三个人物分别是什么情绪？为什么呢？"

注意：游戏开始前，教师要求表演的学生尽量用学过的三种身体语言来表达情绪。

教师点评学生的表现并小结："对于同一件事，不同的人会有不同的情绪。"

四 课堂小结

❶ 小结与奖励

（1）课堂小结："本节课我们主要学习了通过观察情境来推测情绪，同时我们还学习了同一个人在不同的情境中会有不同的情绪，在同一情境中不同的人会有不同的情绪。"

（2）教师点评学生的课堂表现，学生清点代币数量。

（3）教师兑现奖励。

❷ 布置家庭作业

❸ 完成学习评价表

泛化技巧

❶ 家长或老师引导学生观察自己和他人在不同的自然情境中出现的不同情绪并说出这些情绪出现的原因，如：起床晚了学生感到很担忧、上体育课学生感到非常开心；妈妈看到孩子没喝牛奶感到非常生气，看到孩子很快收拾好书包去上学感到很开心。

❷ 家长或老师引导学生注意观察同一情境中不同的人会有哪些不同的情绪并说出这些情绪出现的原因，如：老师公布比赛结果，获胜的学生感到非常开心，输了的学生则很伤心；去动物园看到蛇，有的人平静，有的人非常害怕，还有的人有点厌恶。

家庭作业

作业说明：

1. 目的：作业 1：帮助孩子留意并记录自己在不同生活情境中的情绪，加深理解情境与情绪的关联；作业 2：收集愿望清单用于下节课的教学。

2. 及时鼓励：如果孩子按时完成作业，及时给予表扬；即使作业完成得质量不高，也要对孩子的认真态度和付出的努力给予肯定。

作业1　情境与情绪记录表

日期							
星期							
今天我感到							
情绪值是							
因为							

开心　伤心　生气　害怕　担忧　厌恶　平静

作业2　愿望清单

星期						
我的愿望						

学习评价表

项　目	评估结果				备 注
	0	1	2	3	
能够根据情境推测他人的情绪					
能够推测同一情境中不同的人的情绪，并能分辨出情绪的不同					
能够根据情境说出人物产生情绪的原因					

评分标准：3分，表示能独立完成该项目；2分，表示在单一辅助下完成该项目；1分，表示在两个或两个以上辅助下完成该项目；0分，表示在任何辅助下都不能完成该项目。

第四课
愿望与情绪

先备技能

1. 能命名六种情绪（开心、伤心、生气、害怕、担忧、厌恶）及相应的情绪值
2. 能理解简单故事并回答与故事有关的问题
3. 能理解事物之间的因果关系
4. 能根据三种身体语言推测他人的情绪
5. 能理解代币的使用规则

教学目标

1. 能说出自己的愿望
2. 能说出自己的愿望与情绪的关联
3. 能说出他人的愿望与情绪的关联

教学重点、难点

1. 能说出自己的愿望
2. 能说出自己的愿望与情绪的关联
3. 能说出他人的愿望与情绪的关联

教学时长

70~90 分钟，可根据学生的掌握情况灵活调整时长

教学准备

1. 常规工具

教学程序表、规则提示卡、奖励表、家庭作业、学习评价表（见线上资源）

2. 教学材料：

（1）情境图片（见线上资源，共计四个情境，每个情境都配有三张图，第一张提示主要人物的愿望，第二张表现的是主要人物没有得到想要的物品，第三张表现的是主要人物得到了想要的物品）

（2）配套视频（视频 2.4.1—2.4.3，见线上资源）

（3）一个奖品箱（不透明，学生看不到里面的物品；开口不大，能拿出物品就行）

（4）若干奖品（对于本节课“三、巩固拓展”环节需要提前准备奖品，教师可先阅读此环节，按要求提前准备）

教学过程

一　复习导入

❶ 教师出示教学程序表、规则提示卡、奖励表并约定奖励规则。

❷ 教师检查学生的家庭作业完成情况，并请学生结合自己的作业回答如下问题：“什么时候发生了什么事？”“当时的情绪是什么？”“为什么？”“当时身边还有没有其他人，他 / 她的情绪是什么？”“为什么？”复习上节课的内容，引出本节课的内容——愿望与情绪。

二　教授新知

❶ 通过情境图片，理解愿望与情绪的关联

教师出示图片 2.4.1-1“小凯想要玩具飞机”，提问：“小凯的愿望是什么？”在学生回答后，出示图片 2.4.1-2“小凯收到玩具汽车”，提问：“他得到的是他想要的吗？”“他的情绪如何？”在学生讨论完后，出示图片 2.4.1-3“小凯得到玩具飞机”，提问：“现在他得到的是他想要的吗？”“他的情绪如何？”

依次出示图片 2.4.2—2.4.4，重复上述步骤。

❷ 通过视频，理解愿望与情绪的关联

播放视频 2.4.1“小凯收到想要的生日礼物”，并提问：“小凯的生日愿望是什么？”“他的愿望实现了吗？”“他的情绪如何？”组织学生讨论，并引导学生发现答案。

依次播放视频 2.4.2 “小艾的橙汁喝完了”和视频 2.4.3 “小凯没法看动画片了”，重复上述步骤。

③ 教师点评学生的表现后进行小结：“愿望能否实现也会影响我们的情绪，当我们得到一直想要的某个物品或参加之前就非常期待的某个活动时，我们会感到开心，相反，我们会感到失望、难过，甚至还会生气。”

三 巩固拓展

活动：开奖啦！

活动步骤：

①教师依次叫一名学生上来抽奖，抽奖前先让他/她说出他/她希望抽到的奖品的名称。

②学生将手放进箱里拿出一件物品，教师与同学观察是不是他/她想要的那件物品。

③抽奖的学生用“我感到……情绪值是……”表达自己的心情。

④教师用表格记录学生的愿望、抽到的物品以及学生的情绪。

	学生1	学生2	学生3	学生4	学生5	学生6
我的愿望						
我抽取的是						
我的情绪是						
我的情绪值是						

注意：此游戏需要教师提前做好如下准备：(1) 确定抽奖的学生人数和名单；(2) 对这些学生想要和不想要的物品做好偏好物调查；(3) 确保抽奖箱中的物品一定有这些学生想要的，也有他们不想要的。

每一次抽奖结束后，教师及时在下表中以文字 / 图画的方式记录下来，最后向学生呈现此表并进行小结："有些同学抽到了自己想要的物品，所以很 / 非常开心；有些同学没有抽到自己想要的物品，感到很 / 非常伤心，甚至还很 / 非常生气。我们的愿望是否实现会影响我们的情绪。"

四 课堂小结

❶ 小结与奖励

（1）课堂小结："本节课我们主要学习理解愿望与情绪的关联。通常，我们的愿望实现了就会感到开心，没有实现就会感到伤心或者生气。当然也有人觉得没实现也没关系，以后还有机会。"

（2）教师点评学生的课堂表现，学生清点代币数量。

（3）教师兑现奖励。

❷ 布置家庭作业

❸ 完成学习评价表

泛化技巧

❶ 家长或老师引导学生在自然情境中表达自己的愿望，如：早餐想吃肉包子、希望妈妈来学校接自己放学等。

❷ 家长或老师引导学生观察家人或同学的愿望以及愿望达成 / 没达成后的情绪，如："同桌想看《蜡笔小新》漫画书，正好我家里有一套，可以借给他看，他非常高兴。""妈妈马上要过生日了，她想要爸爸送一个生日礼物，但爸爸忘记了，妈妈很伤心。"

❸ 家长在日常生活中主动表达自己的愿望以及愿望达成 / 没达成后的情绪。

家庭作业

作业说明：

1.目的：帮助孩子留意并记录自己在日常生活中的愿望，加深理解愿望与情绪的关联。

2.及时鼓励：如果孩子按时完成作业，及时给予表扬；即使作业完成得质量不高，也要对孩子的认真态度和付出的努力给予肯定。

愿望与情绪记录表

日期							
星期							
今天我想要							
结果							
我的情绪							
我的情绪值							

开心　伤心　生气　害怕　担忧　厌恶　平静

学习评价表

项　目	评估结果				备注
	0	1	2	3	
能够说出自己的愿望					
能够说出自己的愿望与情绪的关联					
能够说出图片中他人的愿望与情绪的关联					
能够说出视频中他人的愿望与情绪的关联					

评分标准：3分，表示能独立完成该项目；2分，表示在单一辅助下完成该项目；1分，表示在两个或两个以上辅助下完成该项目；0分，表示在任何辅助下都不能完成该项目。

第五课
情绪会变化

先备技能

1. 能命名六种情绪（开心、伤心、生气、害怕、担忧、厌恶）及相应的情绪值
2. 能理解简单故事并回答与故事有关的问题
3. 能理解事物之间的因果关系
4. 能根据三种身体语言推测他人的情绪
5. 能理解代币的使用规则

教学目标

1. 针对同一事件，根据情境变化推测人物情绪的变化
2. 针对同一事件，根据人物的变化推测情绪

教学重点、难点

针对同一事件，根据情境变化推测人物情绪的变化

教学时长

70~90 分钟，可根据学生的掌握情况灵活调整时长

教学准备

1. 常规工具

教学程序表、规则提示卡、奖励表、家庭作业、学习评价表（见线上资源）

2. 教学材料

（1）配套视频（见线上资源，或者提前录好类似视频，突出情境变化

对情绪产生的影响）

（2）情境图片（见线上资源，共计八个事件，每个事件都配有两张图，分别表现不同的情境）

（3）一个数字转盘

教学过程

一　复习导入

❶ 教师出示教学程序表、规则提示卡、奖励表并约定奖励规则。

❷ 通过提问："……（时间），你的愿望是什么？ 结果如何？ 你的情绪如何？"引导学生分享自己的家庭作业——愿望与情绪记录表，同时让学生学会去关注其他同学的分享内容。复习上节课的内容，进而引出本节课的主题——情绪会变化。

二　教授新知

❶ 针对同一事件，同一个人的情绪会因情境的变化而变化

（1）通过视频学习新知。播放视频 2.5.1 "小艾邀请小凯打篮球" 至第 16 秒时暂停，提问："以前小艾邀请小凯打篮球时，小凯是什么情绪？""这次小艾邀请小凯打篮球，小凯是什么心情？"学生讨论结束后，教师给出答案。

继续播放视频至结束，提问："小凯为什么这次有点担忧呢？""你喜欢打篮球吗？""下雨天有人邀请你打篮球，你是什么感受呢？"

引导学生发现："对于同一件事——打篮球，有些时候小凯感到挺开心，有些时候又有点担忧，原因就在于情境发生了变化。"

（2）通过图片学习新知。教师出示情境图片 2.5.1–1 并提问："现在是什么季节？""妈妈给小凯冰激凌，他的情绪会如何？"学生回答后，教师出示情境图片 2.5.1–2 并提问："这是什么季节？""妈妈给小凯冰激凌，小凯的情绪会如何？"学生讨论完后，教师给出答案。教师依次出示情境图片 2.5.2—2.5.8，重复上述步骤。

（3）教师点评学生的表现并进行小结："同样的事情，因为情境变了，我们的情绪也会发生变化。"

2 针对同一事件，根据人物的变化推测情绪

注意：针对这一目标的教学设计在本单元第三课“情境与情绪”的“二、教授新知”中已经提过，在此不再呈现，教师可根据学生的掌握情况决定是否再次教授这一小节内容。

三 巩固拓展

活动：葫芦娃救爷爷

活动步骤：

①由不同的学生扮演葫芦娃、爷爷、蝎子精、蜈蚣精和穿山甲等，从七名葫芦娃中选出一名葫芦娃去救爷爷。

②从起点出发，通过转动数字转盘来决定这名葫芦娃可以前进几步。

③如果遇到可以提供帮助的人（其他的葫芦娃）就前进一步。

④如果遇到坏人（蝎子精、蜈蚣精、穿山甲等）则退后两步。

⑤只有成功救出爷爷，葫芦娃们才获胜，游戏结束。

当学生遇到“葫芦娃兄弟”就前进一步或遇到“坏人”就后退时，教师询问并记录他们的感受。

在活动结束时，教师根据记录做总结并引导学生进行归纳：“在游戏中，遇到的人不同，我们的情绪也会不同。遇到帮助我们的人时，我们会开心；遇到坏人时，我们会害怕；我们后退时，我们会生气。成功救出爷爷，葫芦娃们很高兴，坏人们却很生气。因此，我们的情绪不是一成不变的，会随着情境的变化而变化，对于同一件事，不同的人情绪也不一样。”

四 课堂小结

1 小结与奖励

（1）课堂小结：“本节课我们主要学习理解情绪会变化，即情绪会随着情境、人物的变化而变化。”

（2）教师点评学生的课堂表现，学生清点代币数量。

（3）教师兑现奖励。

② 布置家庭作业

③ 完成学习评价表

泛化技巧

① 家长或老师引导学生留意自己在自然情境中的情绪变化及变化的原因。

② 家长在日常生活中主动表达自己的情绪变化及变化的原因。

家庭作业

作业说明：

1. 目的：帮助孩子留意并记录发生在身边的事情和事件中人物情绪的变化以及变化的原因。

2. 及时鼓励：如果孩子按时完成作业，及时给予表扬；即使作业完成得质量不高，也要对孩子的认真态度和付出的努力给予肯定。

◆发生了什么事？（将它画下来或写下来）

情绪：________

开心	0	1	2	3
伤心	0	1	2	3
生气	0	1	2	3
害怕	0	1	2	3
担忧	0	1	2	3
厌恶	0	1	2	3

开心　伤心　生气　害怕　担忧　厌恶

哪些身体语言表达了这种情绪？

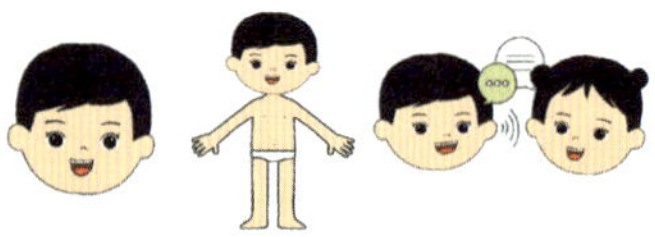

面部表情　肢体动作　语音语调

为什么会有这种情绪？

情绪：________

开心	0	1	2	3
伤心	0	1	2	3
生气	0	1	2	3
害怕	0	1	2	3
担忧	0	1	2	3
厌恶	0	1	2	3

开心　伤心　生气　害怕　担忧　厌恶

哪些身体语言表达了这种情绪？

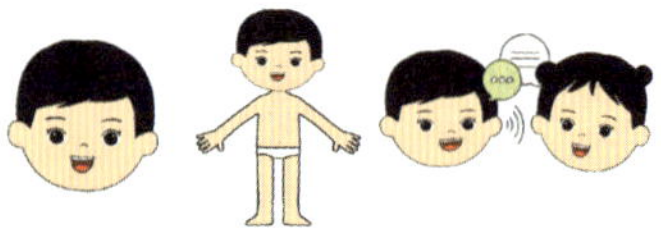

面部表情　肢体动作　语音语调

为什么会有这种情绪？

学习评价表

项　　目	评估结果				备 注
	0	1	2	3	
能够说出视频中因情境变化而出现的情绪变化					
能够说出视频中因人物变化而出现的情绪变化					
能够说出图片中因情境变化而出现的情绪变化					
能够说出图片中因人物变化而出现的情绪变化					

评分标准：3 分，表示能独立完成该项目；2 分，表示在单一辅助下完成该项目；1 分，表示在两个或两个以上辅助下完成该项目；0 分，表示在任何辅助下都不能完成该项目。

第三单元
问题解决

本单元的总体目标与教学建议

孤独症儿童在社会交往中的另一个突出特点就是问题解决能力弱，解决方案单一，思维缺乏弹性。

本单元的总体目标：能够判断什么是问题；掌握问题解决的 6 个步骤；在解决问题时能提出多个解决方案；能对解决方案进行分析和选择（好还是不好，当下可行还是不可行）；最后在问题解决步骤的指引下独立解决与自己情绪相关的问题。本单元是在学生已掌握基本情绪的识别、表达，并能根据多种线索推测他人基本情绪的基础上进行教学的。

本单元的教学建议：

1	引导学生理解每个人对问题的界定是不同的，比如自己的笔盒被人碰掉地上了，有的人觉得没关系，不是什么问题，有的人会很生气，觉得这是问题。
2	按照从“言语+图片提示”到“言语+手势提示”，再到单一的言语提示的顺序教授解决问题的步骤，最终帮助学生将其内化成自动反应。
3	分析解决方案时鼓励学生提出尽可能多的方案，即便是不好或者不可行的方案也提出来，以提升学生的思维弹性和解决问题的灵活性；在此基础上引导学生分析这些方案是好还是不好（是否会导致不好的后果），当下可行还是不可行（是否有条件实施）。
4	结合生活中的多个实例，让学生理解解决方案不是一成不变的，时间、情境、人物的变化都可能导致解决方案的变化，原来好的/可行的解决方案可能变成不好的/不可行的方案，而不好的/不可行的解决方案在另一个情境下就可能是好的/可行的方案。

第一课
识别什么是问题

先备技能

1. 能理解对于同样的事件，不同的人会有不同的情绪和情绪值
2. 有简单的是非判断能力
3. 能回答含有“为什么”的问句

教学目标

1. 能根据他人的情绪和情绪值判断事件对此人是否是问题
2. 能根据自己的情绪与情绪值判断事件对自己是否是问题
3. 能理解不同的人对问题的判断不一样

教学重点、难点

1. 能根据他人的情绪和情绪值判断事件对此人是否是问题
2. 能根据自己的情绪与情绪值判断事件对自己是否是问题
3. 能理解不同的人对问题的判断不一样

教学时长

70~90 分钟，可根据学生的掌握情况灵活调整时长

教学准备

1. 常规工具

教学程序表、规则提示卡、奖励表、家庭作业、学习评价表（见线上资源）

2. 教学材料

（1）问题分析表（见线上资源）

（2）配套视频（见线上资源）

教学过程

一 讨论导入

请学生说一说让自己感到不开心的事，然后问一问其他学生的看法，进而引出本节课的主题——识别什么是问题。

在我们的生活中，有些事情只是让我们有一点不开心，很快就过去了；有些事情会让我们很不开心，成为困扰我们的问题，如果不解决就会一直不开心。

二 教授新知，学习识别问题

1 播放视频 3.1.1 “数学题不会做”，组织学生讨论“这是不是问题？”

（1）播放视频至第 22 秒时暂停，提问：“发生了什么事？”“你觉得小艾的情绪如何？”

（2）继续播放视频至结束，提问：

“如果你遇到这种情况，你的情绪如何？”“为什么？”

“小艾遇到不会做的题，就生气了，你觉得数学题做不出来，对她是问题吗？”“为什么？”

“对你来说，数学题做不出来是问题吗？”“为什么？”

（3）播放视频 3.1.2 “上学忘记戴红领巾”，重复上述步骤。

（4）教师小结：“我们会遇到一些不开心的事情，比如作业太难做不出来、妈妈错怪我了，当这些事情让我们的情绪值达到 2 或 3 时，这些事对我们来说就是问题。”

2 播放视频 3.1.3 “借玩具时需要等待”，引导学生理解不同的人对问题的判断是不一样的

（1）播放视频至第 15 秒时暂停，提问：“发生了什么事？”“你觉得小艾的情绪（及情绪值）如何？”

（2）继续播放视频至第 28 秒时暂停，提问：“发生了什么事？”“你觉得小凯的情绪（及情绪值）如何？”

（3）继续播放视频至第 42 秒时暂停，提问：“借玩具时需要等待，你觉得这对小凯是不是问题？”“为什么？”

（4）继续播放视频至结束，提问：“借玩具时需要等待，你觉得这对小艾是不是问题？”“为什么？”

“如果你遇到这种情况，你的情绪和情绪值如何？”“这件事对你是不是问题？”

（5）教师小结：“同一件事，有的人觉得很不开心，对他是问题；有的人不会觉得不开心，或者只有一点不开心，很快就过去了，所以对他不是问题。不同的人对同样的事情感受不同，对问题的判断也不一样，没有标准答案，也没有对错之分。”

三 巩固拓展

❶ 角色扮演，组织学生讨论

活动1：数学考试不及格

剧本内容：数学测验卷发下来了，小明的数学成绩不及格，数学老师要求学生把卷子拿回家让家长签字。

表演要求：扮演小明的学生拿着一张纸，用面部表情和语音语调表现出非常担忧的情绪：“我数学考试不及格，老师要我们把卷子拿回家让家长签字，我爸爸看到肯定会骂我！”

表演结束后，教师提问：“发生了什么事？小明的情绪如何？为什么？你觉得这件事对小明是不是问题？如果是你遇到这种情况，你的情绪如何？对你来说是不是问题？”

活动2：被同学嘲笑

剧本内容：课间，小明和两位同学一起踢毽子，小明总是输，结果被两位同学嘲笑。

表演要求：扮演小明的同学用面部表情和语音语调表现出非常生气的情绪：“你们嘲笑我，我不和你们做好朋友了！”

表演结束后，教师提问：“发生了什么事？小明的情绪如何？为什么？你觉得这件事对小明是不是问题？如果是你遇到这种情况，你的情绪如何？对你来说是不是问题？”

❷ 分享故事，分析是不是问题

①有两位同学在画画，都需要使用橙色蜡笔涂色，但是蜡笔盒里找不到橙色笔。
②一位同学平静地用黄色笔替代，继续画画。
教师提问：“你觉得他/她的情绪是什么？情绪值是多少？没有橙色笔对他/她是不是问题？”
③而另一位同学则非常生气地大喊：“怎么没有橙色笔？”他/她将笔盒打翻，蜡笔撒了一地。
教师提问：“你觉得他/她的情绪是什么？情绪值是多少？没有橙色笔对他/她是不是问题？如果你遇到这个情况，你的情绪如何？这对你是不是问题？”

四 课堂小结

❶ 小结与奖励

（1）课堂小结：“本节课我们主要学习了如何识别问题，即通过人们对事件的情绪反应（情绪及情绪值）来判断这件事对他们是不是问题。”

（2）教师点评学生的课堂表现，学生清点代币数量。

（3）教师兑现奖励。

❷ 布置家庭作业

❸ 完成学习评价表

泛化技巧

❶ 家长或老师引导学生在自然情境（家庭或学校）中留意那些让自己不开心的事情，并分析对自己是不是问题，如：准备出门穿的新衣服弄脏了、之前说好的旅行临时取消了。

❷ 家长或老师引导学生在自然情境（家庭或学校）中留意他人对不开心事情的反应，并判断这件事对那个人是不是问题。

❸ 家长在日常生活中与学生分享所遇到的不开心事件，并分析对自己是不是问题。

家庭作业

作业说明：

1. 目的：练习通过对事件的情绪反应判断这件事对当事人是不是问题。

2. 作业1：完成问题分析表；作业2：用问题分析表记录生活中发生的事情，并分析对自己是不是问题。

3. 及时鼓励：如果孩子按时完成作业，及时给予表扬；即使作业完成得质量不高，也要对孩子的认真态度和付出的努力给予肯定。

作业1　问题分析表

1.发生了什么事？

小艾和小凯在拼乐高，忽然看见一只大蟑螂向他们爬过来。小艾和小凯都感到害怕，小艾的情绪值是3，跳起并尖叫。小凯的情绪值是1，找来扫把把蟑螂赶走。

2.小凯和小艾的情绪和情绪值如何？

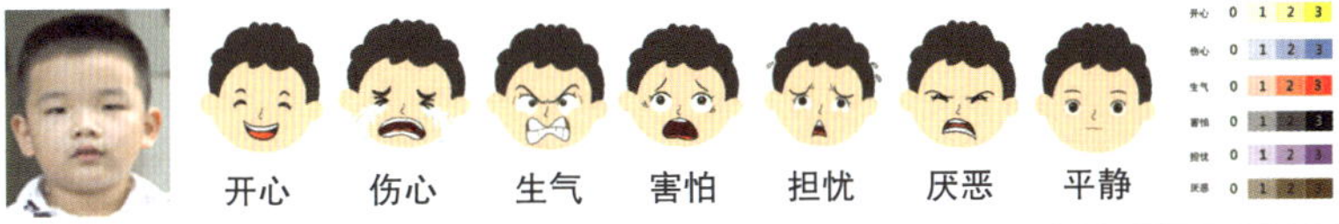

3.是不是问题？

是□　　　不是□

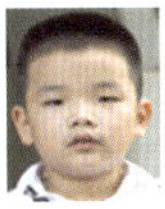
是□　　　不是□

4.为什么是问题？为什么不是问题？

作业2　问题分析表

1.发生了什么事？

2.你的情绪和情绪值如何？

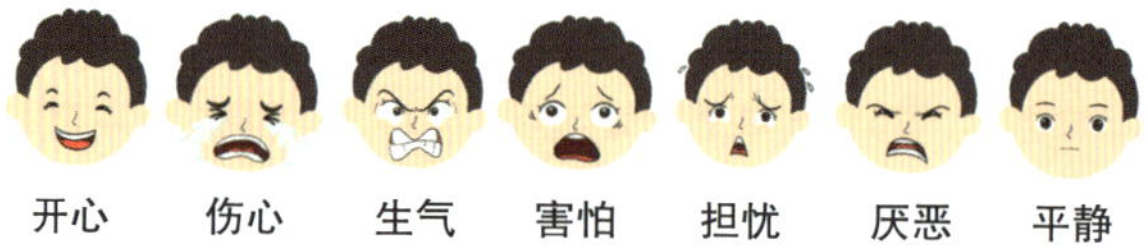

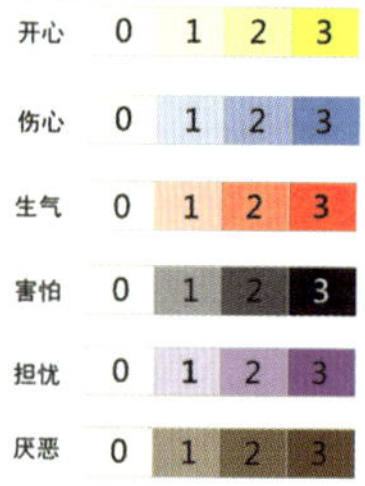

3.是不是问题？

是□　　　　不是□

4.为什么是问题？为什么不是问题？

学习评价表

项　　目	评估结果				备　注
	0	1	2	3	
能够说出视频中的事件对视频中的人物是不是问题					
能够说出角色扮演里的事件对角色扮演里的人物是不是问题					
能够说出故事中的事件对故事中的人物是不是问题					
能够说出真实发生的事件对自己是不是问题					

评分标准：3分，表示能独立完成该项目；2分，表示在单一辅助下完成该项目；1分，表示在两个或两个以上辅助下完成该项目；0分，表示在任何辅助下都不能完成该项目。

第二课
问题解决步骤与解决办法分析

先备技能

1. 能理解对于同样的事件，不同的人会有不同的情绪和情绪值
2. 有简单的是非判断能力
3. 能回答含有“为什么”的问句

教学目标

1. 掌握问题解决的 6 个步骤
2. 能对同一个问题提出多个解决办法
3. 能对多个解决办法进行分析并做出选择

教学重点、难点

1. 掌握问题解决的 6 个步骤
2. 能对同一个问题提出多个解决办法
3. 能对多个解决办法进行分析并做出选择

教学时长

70~90 分钟，可根据学生的掌握情况灵活调整时长

教学准备

1. 常规工具

教学程序表、规则提示卡、奖励表、家庭作业、学习评价表（见线上资源）

2. 教学材料

（1）问题分析表、问题解决步骤表、解决办法分析表（见线上资源）

（2）问题解决 6 步骤图片（见线上资源）

（3）配套视频（见线上资源）

（4）卡片：写有或画出通常让学生觉得是问题的事件

教学过程

一 复习导入

通过提问："发生了什么事？当时的情绪如何？那件事对你是不是问题？"引导学生分享自己的家庭作业 2，同时让学生留意他人的分享并讨论对自己是不是问题。

生活中经常有事情让我们感到很不开心，成为困扰我们的问题，那我们可以做什么呢？今天这节课，我们将学习如何解决问题。

二 教授新知

❶ 学习问题解决 6 步骤

（1）播放视频 3.2.1 "问题解决 6 步骤"，认识问题解决的 6 个步骤。

（2）逐一展示问题解决 6 步骤的图片，引导学生模仿图片中的手势，学习问题解决的 6 个步骤。

（3）邀请学生上台根据教师给出的口头指令进行表演，如"请表演问题解决的第 1 步"，可根据情况决定是否给予图片提示。

（4）组织活动，练习问题解决 6 步骤。

活动：打擂台

活动步骤：

①将学生分成 2 组，每组 6 名学生。

②每组学生依次表演 6 个步骤，看哪组学生表演的步骤顺序正确、步骤完整且用时较短。

教师点评学生的表现并进行小结："当我们遇到问题时，可以通过这 6 个步骤去解决。"

❷ 运用问题解决 6 步骤

（1）播放视频 3.2.2 "数学题不会做"，按照问题解决步骤配合手势提问：

“发生了什么事？小艾的情绪如何？想想她还可以做什么？”

（2）教师将学生提出的所有解决办法都写在黑板上，如：“像小艾一样将作业本推开”“大哭大闹”“请妈妈帮忙”“打电话问同学或老师”“第二天回校问同学或老师”，然后参照“解决办法分析表”逐一进行分析。配合手势提问：“这个办法好还是不好？”告诉学生判断的依据是：“能否解决问题？”“是否会影响、伤害别人？”“是否可行？比如，如果时间太晚，打电话问同学或者老师就不可行。”

（3）根据分析结果，配合手势选择好且可行的办法。

（4）播放视频 3.2.3“上学忘记戴红领巾”，重复上述步骤。

（5）教师小结：“对于一个问题，通常有很多解决办法，有的办法是好办法，能解决问题，而且不会伤害别人；情境不同，解决办法也会不同。比如，水彩笔用完了，如果在家里，去超市买是个可行的办法，但如果在学校，就不可行了。”

三　巩固拓展

❶ 播放视频 3.2.3“小凯抢小艾的玩具”，参照“问题解决步骤表”组织学生讨论：“发生了什么事？小艾解决问题了吗？她是怎么解决的？她的办法好还是不好？还有其他解决办法吗？”

播放视频 3.2.4“鳕鱼汉堡没有了”，重复上述步骤。

❷ 组织游戏，巩固练习

活动：你问我答

活动步骤：

①邀请两名学生上台，老师将写有或画出事件的卡片交给其中一名学生。

②该学生按照卡片上的文字/画面说出或演出遇到的问题，另一名学生按照问题解决 6 步骤配合手势与遇到问题的学生展开对话。

③鼓励其他学生补充。

四 课堂小结

❶ 小结与奖励

（1）课堂小结：“本节课我们主要学习了问题解决的6个步骤，还学习了如何分析和选择解决办法。以后遇到问题时，可以试着运用这些知识和技能。”

（2）教师点评学生的课堂表现，学生清点代币数量。

（3）教师兑现奖励。

❷ 布置家庭作业

❸ 完成学习评价表

泛化技巧

❶ 家长或老师利用问题解决6步骤图片辅助学生在家中或学校里练习6个步骤。

❷ 家长或老师引导孩子用问题解决6步骤解决生活中遇到的问题，比如，说好第二天去看电影，却因有事临时取消了。

❸ 家长或老师鼓励学生在遇到问题时提出尽可能多的解决办法，并引导学生对这些方法进行分析，避免随意批评或嘲笑学生提出的办法。

❹ 家长遇到问题时与孩子一起通过问题解决6步骤去解决（鼓励孩子提出解决办法并辅助其分析，告诉孩子自己最后选择的办法及理由）。

家庭作业

作业说明：

1. 目的：练习问题解决的6个步骤，以及解决办法的分析和选择。

2. 作业1：填写问题解决步骤表；作业2：用问题解决步骤表记录生活中遇到的问题的解决过程。

3. 及时鼓励：如果孩子按时完成作业，及时给予表扬；即使作业完成得质量不高，也要对孩子的认真态度和付出的努力给予肯定。

作业1：今天下午有体育课，早上到校后才想起自己忘记穿运动鞋了。填写问题解决步骤表，练习运用问题解决6步骤解决问题。

作业2：用问题解决步骤表记录生活中遇到的问题的解决过程。

问题解决步骤表

1.发生了什么事？

2.你感觉怎样？

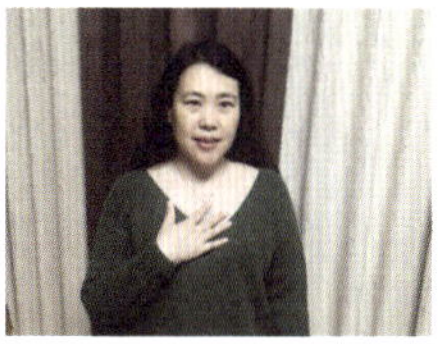

当我遇到问题时，我感觉 ________

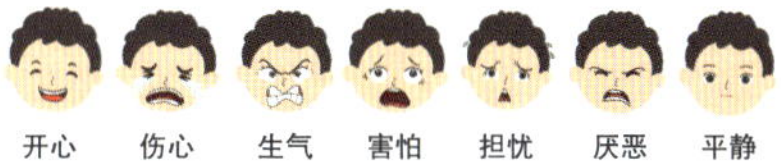

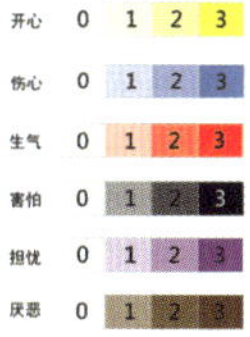

3.停下来（不要沉溺于情绪中）

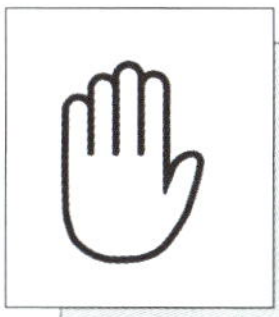

暂停

4.想想你可以做什么

1

2

3

5.分析这些办法好还是不好（可行还是不可行）

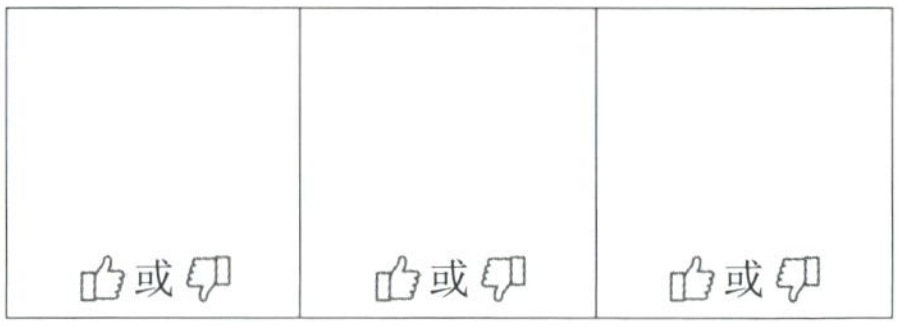

6.找出一个最佳办法

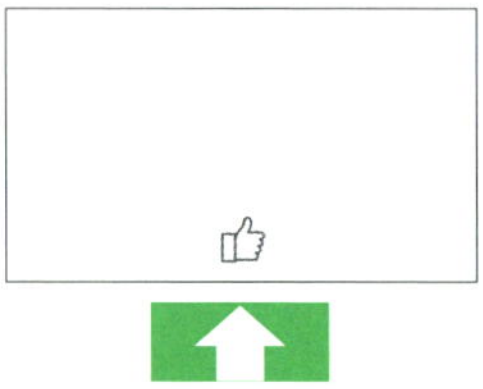

学习评价表

项　　目	评估结果				备 注
	0	1	2	3	
掌握问题解决的 6 个步骤					
能对同一问题提出多个解决办法					
能对解决办法进行分析					
能选择好的且可行的解决办法					

评分标准：3 分，表示能独立完成该项目；2 分，表示在单一辅助下完成该项目；1 分，表示在两个或两个以上辅助下完成该项目；0 分，表示在任何辅助下都不能完成该项目。

第三课
问题解决综合练习

先备技能

1. 能分析解决方案是否可行，好还是不好
2. 能理解不同的人对问题的定义不一样

教学目标

1. 掌握问题解决的 6 个步骤
2. 能对同一个问题提出多个解决办法
3. 能对多个解决办法进行分析并做出选择

教学重点、难点

1. 掌握问题解决的 6 个步骤
2. 能对同一个问题提出多个解决办法
3. 能对多个解决办法进行分析并做出选择

教学时长

70~90 分钟，可根据学生的掌握情况灵活调整时长

教学准备

1. 常规工具

教学程序表、规则提示卡、奖励表、家庭作业、学习评价表（见线上资源）

2. 教学材料

（1）问题解决 6 步骤图片、问题解决方案表（见线上资源）

（2）配套视频（见线上资源）

教学过程

一 分享家庭作业，通过复习加以巩固

❶ 检查学生完成家庭作业 1 “填写问题解决步骤表” 的情况，邀请提出不同解决办法的学生依次上台分享自己的解决办法，引导其他学生分析这些办法的可行性，并询问是否有其他的解决办法。

❷ 根据学生完成家庭作业 2 “用问题解决步骤表记录生活中遇到的问题的解决过程” 的情况，邀请记录了有代表性的问题的学生上台分享，组织学生对这些问题进行分析，提出不同的解决办法，并引导学生对这些办法进行分析，进而做出最合适的选择。

❸ 教师小结：“生活中我们经常会遇到各种问题，让我们很不开心，不过我们可以用问题解决 6 步骤去解决这些问题，让自己变得开心起来。”

二 综合练习

❶ 播放视频，练习问题解决技能

（1）播放视频 3.3.1 “下雨了没带伞”，参照 “问题解决方案表” 组织学生讨论如下问题，回顾问题解决 6 步骤并进行综合运用。

“小艾和小凯发生了什么事？”

“他们的情绪如何？情绪值是多少？”

“他们想出了哪些解决办法？”

“最后选择的是哪个解决办法？为什么选这个办法呢？”

“如果是你遇到这种情况，你会怎么做？”

（2）播放视频 3.3.2 “去美食街吃小吃”，重复上述步骤。

❷ 角色扮演，理解不同的人有不同的解决办法

活动：我受伤了

活动步骤：

（1）请两名学生分别扮演小凯和晨晨，他们在打篮球，抢球时撞在一起摔倒了，两人的膝盖都磨破皮出血了。

（2）小凯说出自己的内心独白："我打球摔了一跤，膝盖都磨出血了，我感到很伤心，伤心值是2。我想想，我可以坐在这里哭，也可以去医务室包扎。去医务室包扎是个好办法，我现在就去。"

晨晨说出自己的内心独白："我打球摔了一跤，膝盖都磨出血了，我感到非常担心，怕骨头也摔伤了。我想想可以做什么，我可以坐在这里哭，也可以和小凯一起去医务室包扎，还可以打电话让妈妈接我去医院，这样保险一点。我觉得去医院仔细检查是个好办法，我现在就去给妈妈打电话。"

（1）教师引导学生留意同学的表演，并参照"问题解决方案表"提问："发生了什么事？小凯的情绪是什么？小凯停止了伤心，他想了几个解决办法？他最后选择了哪个办法？对于同一件事情，晨晨的情绪是什么？晨晨停止了担忧，他想了几个解决办法？他最后选择了哪个办法？如果是你，你会是什么情绪？你会想出哪些办法？你会选择哪个办法？"

（2）教师小结："对于同样的事情不同的人有不同的情绪和情绪值，不同的人也会有不同的解决办法。在选择解决办法时不能只考虑自己的情绪，还要考虑其他人的情绪。"

三 课堂小结

❶ 小结与奖励

（1）课堂小结："本节课我们主要练习了问题解决的6个步骤，还练习了问题解决办法的分析与选择。"

（2）教师点评学生的课堂表现，学生清点代币数量。

（3）教师兑现奖励。

2 布置家庭作业

3 完成学习评价表

泛化技巧

1 家长或老师继续利用问题解决 6 步骤图片辅助学生在家中或学校里练习 6 个步骤。

2 家长或老师继续鼓励学生在遇到问题时提出尽可能多的解决办法，并引导学生对这些方法进行分析，避免随意批评或嘲笑学生提出的办法。

3 家长或老师可创设一些引发不同情绪的情境，如妹妹生日快到了，爸爸打算带一家人去必胜客庆祝，妹妹感到很开心，因为她喜欢吃比萨，但妈妈感到很担忧，因为周末那里人很多，而我感到很伤心，因为我不喜欢吃比萨。家庭成员一起运用问题解决 6 步骤来解决这个问题。

家庭作业

作业说明：

1. 目的：练习问题解决的6个步骤，以及解决办法的分析和选择。

2. 作业：用问题解决步骤表记录生活中遇到的问题的解决过程。

3. 及时鼓励：如果孩子按时完成作业，及时给予表扬；即使作业完成得质量不高，也要对孩子的认真态度和付出的努力给予肯定。

问题解决步骤表

1.发生了什么事？

2.你感觉怎样？

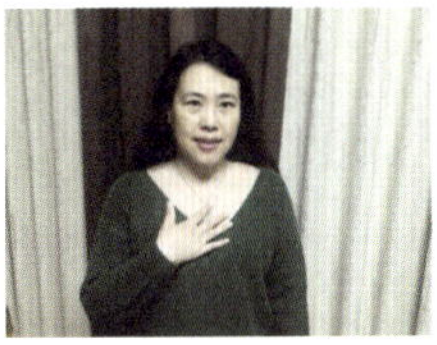

当我遇到问题时，我感觉 ________

开心	0	1	2	3
伤心	0	1	2	3
生气	0	1	2	3
害怕	0	1	2	3
担忧	0	1	2	3
厌恶	0	1	2	3

3.停下来（不要沉溺于情绪中）

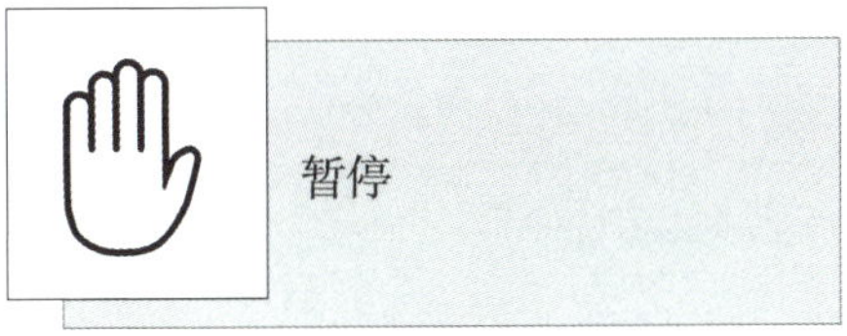

4.想想你可以做什么

1

2

3

5.分析这些办法好还是不好（可行还是不可行）

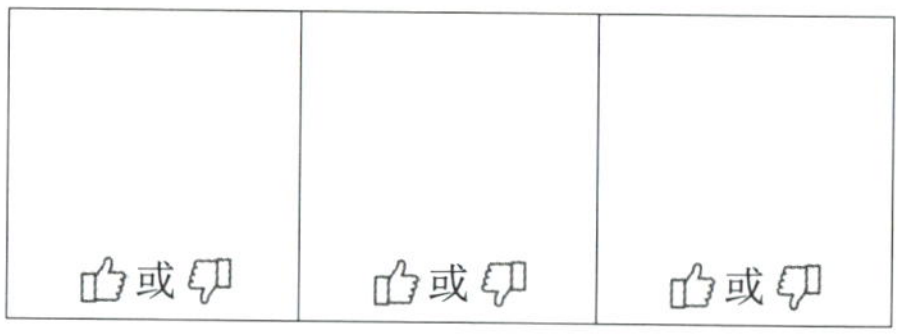

6.找出一个最佳办法

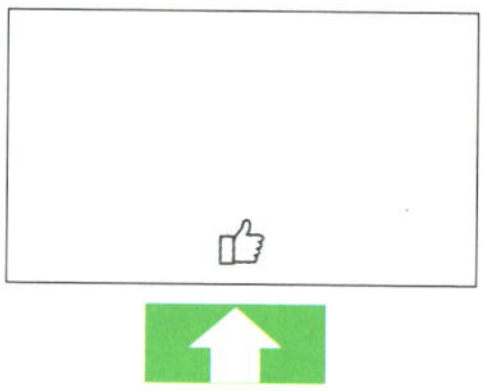

学习评价表

项　目	评估结果				备 注
	0	1	2	3	
掌握问题解决的 6 个步骤					
能对同一问题提出多个解决办法					
能对解决办法进行分析					
能选择好的且可行的解决办法					

评分标准：3 分，表示能独立完成该项目；2 分，表示在单一辅助下完成该项目；1 分，表示在两个或两个以上辅助下完成该项目；0 分，表示在任何辅助下都不能完成该项目。

第四单元
情绪控制策略

本单元的总体目标与教学建议

孤独症谱系儿童的情绪控制能力普遍较弱，他们缺乏情绪管理技巧。在上一单元学习的问题解决技能有助于学生进行情绪控制，而良好的情绪控制能力又会帮助学生更冷静地解决问题。本单元学习的情绪控制策略包括深呼吸、做有趣的事、找人帮忙、与人协商、自我安慰五种策略。问题解决也是重要的情绪控制策略之一，因在第三单元已学过，故在本单元不再学习，但可将其纳入综合练习中。

本单元的总体目标：学习和掌握五种基本的情绪控制策略；能根据情境灵活选择包括问题解决在内的情绪控制策略，消退或替代不正确的情绪处理方式。

本单元的教学建议：

1	结合生活实例分析情绪失控的不良后果（比如，在班上发脾气会被老师批评或者让同学不满）。
2	按照看（看视频，激发学习动机）、学（认识策略）、说（描述策略）、做（使用策略）的顺序教授情绪控制策略。
3	引导学生根据不同的情境和条件选用情绪控制策略。
4	引导学生综合使用情绪控制策略，即采用多个情绪控制策略来缓解和控制情绪。根据学校的时间安排和学生的掌握情况，教师可安排1~2个学时综合练习包括“问题解决”在内的6个情绪控制策略，让学生学习根据不同情境选择适当的策略来控制情绪。
5	每个教学设计都附有学习效果评价，授课老师应根据学生上课的掌握情况及时评估教学效果，根据评估结果做出适当的调整。

第一课
深呼吸

在日常生活中，出现情绪问题是我们每个人都有过的体验，轻则紧张担心，重则坐立不安、爆发冲突。调整情绪的方法有很多，深呼吸作为简单有效的情绪缓解方法，可以帮助学生放松，缓解紧张焦虑的情绪，与其他方法结合使用，效果更佳。

先备技能

1. 能表达自己的情绪和情绪值
2. 能推测他人的情绪和情绪值
3. 具备模仿动作的能力
4. 能理解简单的故事情节

教学目标

1. 能自然地深吸气，一直到吸不进为止
2. 能屏住呼吸 3 秒钟
3. 能通过口鼻缓慢呼气
4. 在创设的情境中，使用“深呼吸”这一策略调节情绪

教学重点、难点

在创设的情境中，使用“深呼吸”这一策略调节情绪

教学时长

70~90 分钟，可根据学生的掌握情况灵活调整时长

教学准备

1. 常规工具

教学程序表、规则提示卡、奖励表、家庭作业、学习评价表（见线上资源）

2. 教学材料

（1）“深呼吸”图片（见线上资源）

（2）“生气”面部表情彩色卡通图片（见第一单元第三课线上资源）

（3）配套视频（见线上资源）

（4）醋 / 榴梿 / 花露水等有强烈气味的物品、羽毛 / 乒乓球 / 纸条 / 纸屑等物品

教学过程

一　讨论导入

生活中我们经常会遇到各种问题，让我们感觉非常伤心、非常生气、非常害怕、非常担忧或者非常厌恶，在上一单元，我们学习了通过解决问题让情绪变好，那么你们知道还有哪些办法可以让情绪变好吗？这节课我们将学习第一个好办法——深呼吸。

二　教授新知

1 播放视频，引入“深呼吸”这一策略

（1）播放视频 4.1.1“小凯抢小艾的玩具车”，并提问：“发生了什么事？小艾的情绪如何？情绪值是多少？”

（2）教师出示“非常生气”卡通图片，说道：“当我们处于非常生气、非常伤心、非常担忧等情绪中时，是无法冷静地解决问题的，这时可以先深呼吸，让自己平静下来。”

（3）教师在黑板上粘贴“深呼吸”的图片，与“生气”的图片左右对称摆放，如下图所示，直观地呈现二者的因果关系，让学生更容易理解出现生气情绪时可以使用“深呼吸”这一策略。

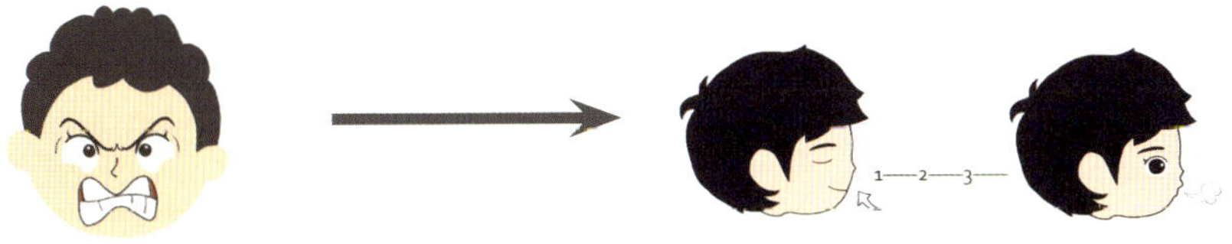

生气　　　深呼吸

2 动作分解，练习“深呼吸”

（1）教师用肢体动作演示深呼吸：双手缓慢抬起的同时慢慢吸气，然后屏住呼吸 3 秒钟，双手缓慢放下的同时慢慢呼气。如此反复三次，让学生模仿。

（2）练习“深吸气”

教师使劲地闻醋 / 榴梿 / 花露水等有强烈气味的物品，在闻的过程中做出夸张的表情。教师让学生观察自己吸气时胸腔的扩张表现。

学生闻醋 / 榴梿 / 花露水等有强烈气味的物品，模仿老师使劲吸气，同时把手放在胸前，感受吸气时胸腔在扩张，教师提问：“闻到气味了吗？是什么味道？”

注意：如果学生能闻到气味，脸上出现对应的表情，说明学生深吸气了。

（3）练习“屏住呼吸”

小游戏 1：小小手儿捏鼻子。教师先示范，用手捏住自己的鼻子数三个数后再放开手；学生模仿此动作。

小游戏 2：小纸条不动了。教师将小纸条放在自己的鼻子前，当纸条处于不动的状态时，夸张地告诉学生：“纸条不动啦，老师屏住呼吸啦！老师屏住呼吸了！”把纸条发给学生，玩“屏住呼吸”游戏，看看谁的纸条不会动。

（4）练习“缓慢呼气”

小游戏：吹羽毛。教师示范将羽毛从桌子的一侧吹到另一侧，然后让学生吹羽毛，练习呼气动作。

同上，可以练习吹乒乓球、纸屑等。

（5）综合练习“深呼吸”

小游戏：塑料袋鼓起来了

游戏规则：

①将学生分为两组，相向站立。

②A组学生拿着塑料袋，B组学生发指令。

③当B组学生说“吸气”时，A组学生用鼻子使劲吸气；当B组学生说“停”时，A组学生屏气；当B组学生说“呼气”时，A组学生用嘴对着塑料袋吹，看看谁的塑料袋吹得最大。

④两组学生交换角色。

❸ 结合情境，运用“深呼吸”策略

（1）播放视频4.1.2“我的小猫死了”至第13秒，提问：“发生了什么事？小凯的情绪如何？他为什么伤心呢？”

继续播放视频至结束，提问：“小凯做了什么？现在他的情绪如何？”

播放视频4.1.3“雪碧被妈妈喝了”，重复上述步骤。

（2）教师小结：“当我们非常伤心、非常生气、非常害怕、非常担忧或非常厌恶时，我们可以用深呼吸让自己平静下来。深呼吸的时候，（配合手势）我们先深深地吸气，然后屏气（数1、2、3），再慢慢呼气，把所有的气都呼出来。就这样反复几次，我们的情绪就可以平静下来，心情也会变好一些。”

三 巩固拓展

❶ 播放视频4.1.4“小艾的冰激凌掉地上了”，然后提问：“发生了什么事？小艾的情绪如何？如果你是小艾，你的情绪如何？你可以做什么让自己的情绪平静下来？”

❷ 创设情境，运用“深呼吸”这一策略调节情绪

（1）创设情境1：让学生围坐一起玩各自喜欢的玩具，但故意让一名学生始终得不到他/她喜欢的玩具。看到这名学生生气后，教师向他/她提问：“发生了什么事情？你的情绪如何？你现在可以做什么？”这名学生平静下来后，教师接着问：“你现在的情绪如何？”

（2）创设情境 2：学生排队领取奖品（事先宣布每位学生都有），轮到最后一名学生时奖品发完了。教师提问，问题同上。

四 课堂小结

❶ 小结与奖励

（1）课堂小结：“本节课我们主要学习了如何‘深呼吸’以及在非常伤心、非常生气、非常害怕、非常担忧或非常厌恶时如何使用‘深呼吸’这一策略让自己平静下来。”

（2）教师点评学生的课堂表现，学生清点代币数量。

（3）教师兑现奖励。

❷ 布置家庭作业

❸ 完成学习评价表

泛化技巧

❶ 家长或老师可将“深呼吸”图片贴在家里的显眼位置或者教室的情绪处理角。

❷ 当学生在自然情境或者创设的情境中非常不开心时，家长或老师及时引导学生运用“深呼吸”这一策略调节情绪。

❸ 家长在自己很不开心时，当着孩子的面运用“深呼吸”这一策略调节自己的情绪。

家庭作业

作业说明：

1. 目的：练习深呼吸及运用“深呼吸”这一策略调节情绪。

2. 作业 1：练习深呼吸；作业 2：用情绪控制表 1 记录生活中运用“深呼吸”这一策略调节情绪的过程。

3. 及时鼓励：如果孩子按时完成作业，及时给予表扬；即使作业完成得质量不高，也要对孩子的认真态度和付出的努力给予肯定。

情绪控制表1

一、发生了什么事？

二、我的情绪如何？

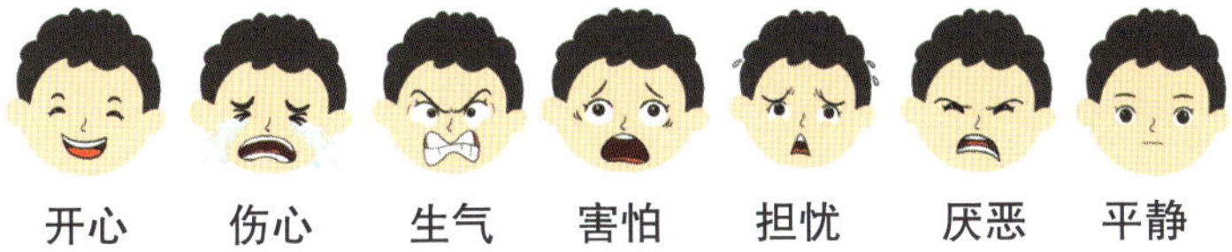

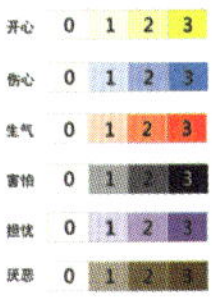

三、我可以怎样做，让心情平静下来？

我可以深呼吸

四、我现在的心情如何？

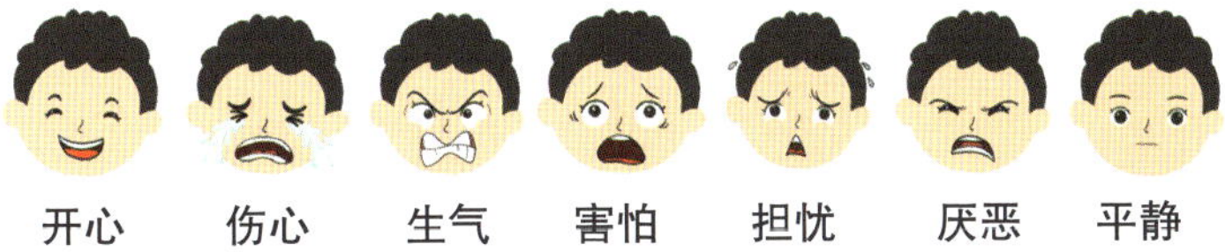

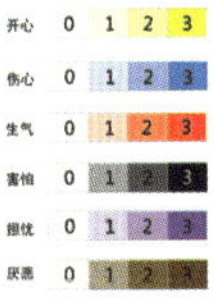

学习评价表

项　目	评估结果				备 注
	0	1	2	3	
能够用鼻子“深吸气”并屏气					
能够用嘴“缓慢呼气”					
能够在创设的情境中运用“深呼吸”这一策略调节情绪					

评分标准：3分，表示能独立完成该项目；2分，表示在单一辅助下完成该项目；1分，表示在两个或两个以上辅助下完成该项目；0分，表示在任何辅助下都不能完成该项目。

第二课
做有趣的事

先备技能

1. 能表达自己的情绪和情绪值
2. 能推测他人的情绪和情绪值
3. 具备模仿动作的能力
4. 能理解简单的故事情节

教学目标

1. 能说出日常生活中的有趣事情
2. 能理解“做有趣的事”可以让情绪变好
3. 在创设的情境中，使用“做有趣的事”这一策略调节情绪

教学重点、难点

1. 能说出日常生活中的有趣事情
2. 能理解“做有趣的事”可以让情绪变好
3. 在创设的情境中，使用“做有趣的事”这一策略调节情绪

教学时长

70~90 分钟，可根据学生的掌握情况灵活调整时长

教学准备

1. 常规工具

教学程序表、规则提示卡、奖励表、家庭作业、学习评价表（见线上资源）

2. 教学材料

（1）“做有趣的事”图片（见线上资源）

（2）“学校”和“家”的图片（见线上资源）

（3）配套视频（见线上资源）

（4）家长/教师事先录制的视频（比如：同伴把孩子最喜欢的变形金刚拿走了，孩子非常生气，即便告诉他/她同伴很快就会还回来，他/她还是非常生气，家长/教师引导孩子先“深呼吸”让情绪平静下来，再“做有趣的事”让自己开心起来）

教学过程

一 复习导入

❶ 复习“深呼吸”的动作。

❷ 通过提问：“发生了什么事？你当时的情绪和情绪值如何？你是如何让自己平静下来的？”引导学生分享家庭作业2，同时引导学生留意他人的分享并讨论自己是否遇到过同类事情，当时自己的情绪如何，以及是如何让自己平静下来的。

❸ 教师小结并引入本节课主题：“生活中我们经常遇到各种问题，让我们非常不开心，除了用‘深呼吸’这一策略让自己平静下来，我们还可以‘做有趣的事’让情绪变好。”

二 教授新知

❶ 教授新知：学习哪些是有趣的事情

（1）教师示范：列举自己觉得有趣的事情

 在学校	在操场上散步 和同事聊天 跳绳 跑步 看书 ……

 在家	看电视 喝饮料 听音乐 站在阳台上远眺 吃东西 ……

（2）教师引导：学生写出自己觉得有趣的事情

 在学校	在学校哪些事情让你觉得有趣、开心？
 在家	在家里哪些事情让你觉得有趣、开心？

（3）教师小结："有趣的事就是我们喜欢做、会让我们感到开心的事。每个人觉得有趣的事可能不完全一样，而且在不同场所，比如在学校、在家、在公园等，能做的有趣的事也是不同的。当我们感到不开心时，做些有趣的事可以让我们变得开心起来。"

❷ 教授新知："做有趣的事"会让心情变好

（1）播放视频 4.2.1"气球飞走了"至第 27 秒，提问："发生了什么事？小凯的情绪如何？情绪值是多少？"

（2）继续播放视频至第 40 秒，提问："小凯准备做什么？"继续播放视频至结束："小凯做了什么？现在情绪如何？为什么？"

（3）播放家长 / 教师事先录制的视频，重复上述步骤。

❸ 结合情境，运用"做有趣的事"这一策略调节自己的情绪

口头描述或以文字或图片的方式呈现以下情境，然后针对每个情境提

问："发生了什么事？你的情绪如何？你可以做什么让自己心情变好？"引导学生运用"做有趣的事"这一策略调节自己的情绪。

情境 1：你提前完成了作业，妈妈奖励你在手机上玩 15 分钟游戏，但是刚玩了一会儿手机就没电了，还找不到充电器。

情境 2：和好朋友约好去游泳，可是出门前下起了大雨，无法去游泳了。

三 巩固拓展

可以利用真实情境，比如，对于一位很喜欢妈妈来接的学生，他 / 她的妈妈今天不能来接他 / 她放学，或者学生们喜欢的某节课今天上不了；也可以创设情境，比如，老师今天上班迟到了，被校长批评了。针对以上列举的三种情境，可以问一问："这位学生 / 你们 / 这位老师的情绪如何？可以做什么让自己开心呢？"

教师小结："当我们不开心的时候，我们可以做些有趣的事让自己变得开心起来。非常不开心时，我们可以先深呼吸，让自己的情绪平静下来，再做有趣的事，让自己开心起来。"

四 课堂小结

1 小结与奖励

（1）课堂小结："本节课我们主要学习了'做有趣的事'可以让自己的情绪变好，以及在不开心时如何运用'做有趣的事'这一策略让自己开心起来。"

（2）教师点评学生的课堂表现，学生清点代币数量。

（3）教师兑现奖励。

2 布置家庭作业

3 完成学习评价表

泛化技巧

1 家长或老师可将"做有趣的事"图片贴在家里的显眼位置或者教室的情绪处理角。

2 当学生在自然情境或者创设的情境中非常不开心时，家长或老师及时引导学生运用"做有趣的事"或者"深呼吸 + 做有趣的事"这些策略调节情绪。

3 家长示范，在自己很不开心时，和孩子一起讨论，并运用"做有趣的事"或者"深呼吸 + 做有趣的事"这些策略调节自己的情绪。

家庭作业

作业说明：

1. 目的：练习运用“做有趣的事”这一策略调节情绪。

2. 作业1：列出自己在家里、在学校里喜欢做的有趣的事，并和家长分享；作业2：用情绪控制表2记录生活中运用“做有趣的事”这一策略调节情绪的过程。

3. 及时鼓励：如果孩子按时完成作业，及时给予表扬；即使作业完成得质量不高，也要对孩子的认真态度和付出的努力给予肯定。

情绪控制表2

一、发生了什么事？
二、我的情绪如何？ 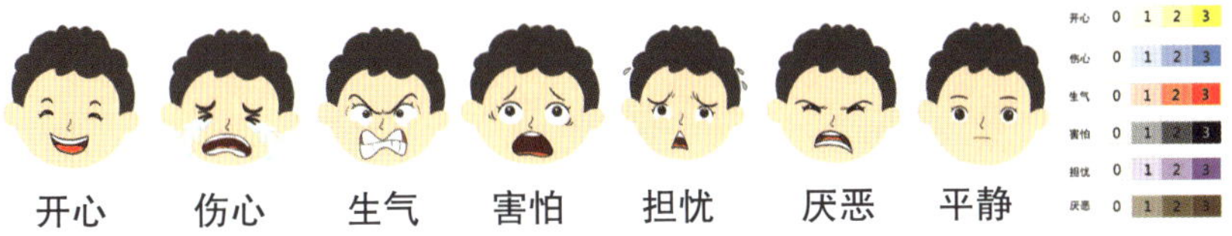
三、我可以怎样做，让心情平静下来？ 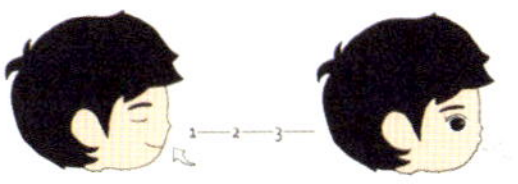 深呼吸  做有趣的事  问题解决
四、我现在的心情如何？ 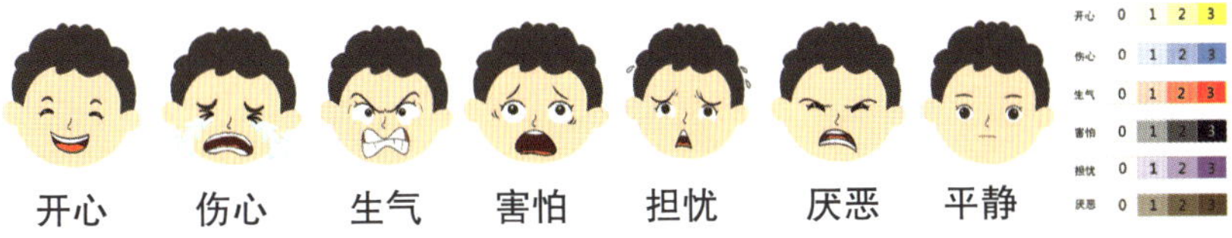

学习评价表

项　目	评估结果				备 注
	0	1	2	3	
能够说出自己在家能做的有趣的事					
能够说出自己在学校能做的有趣的事					
能够理解“做有趣的事”会让心情变好					
能够在创设的情境中运用“做有趣的事”这一策略调节情绪					

评分标准：3分，表示能独立完成该项目；2分，表示在单一辅助下完成该项目；1分，表示在两个或两个以上辅助下完成该项目；0分，表示在任何辅助下都不能完成该项目。

第三课
找人帮忙

先备技能

1. 能表达自己的情绪和情绪值
2. 具备寻求帮助的语言沟通能力
3. 能理解简单的故事情节

教学目标

1. 遇到困难时可以找人帮忙
2. 知道在不同的情境中可以求助不同的人
3. 在创设的情境中，使用“找人帮忙”这一策略调节情绪

教学重点、难点

1. 遇到困难时可以找人帮忙
2. 知道在不同的情境中可以求助不同的人
3. 在创设的情境中，使用“找人帮忙”这一策略调节情绪

教学时长

70~90 分钟，可根据学生的掌握情况灵活调整时长

教学准备

1. 常规工具

教学程序表、规则提示卡、奖励表、家庭作业、学习评价表（见线上资源）

2. 教学材料

（1）“找人帮忙”图片（见线上资源）

（2）“学校”和“家”的图片（见第四单元第二课线上资源）

（3）配套视频（见线上资源）

（4）家长/教师事先录制的视频（录制孩子在家或学校里遇到困难，需要找人帮忙解决的情境视频）

（5）写有文字或画有图画的纸条（用于本节课“巩固拓展”环节）

教学过程

一 复习导入

❶ 邀请学生分享自己在家和学校喜欢做的有趣的事，引导其他学生留意同学的分享并想一想自己做的有趣的事。

❷ 通过提问：“发生了什么事？你的情绪如何？你如何让自己的情绪变好？”引导学生分享家庭作业 2，同时引导其他学生留意同学的分享并讨论自己是否遇到过类似的情况，当时自己的情绪如何，以及是如何让自己平静下来的。

❸ 教师小结并引入本节课主题：“生活中我们经常遇到各种问题，让我们非常不开心，除了用深呼吸让自己平静下来、做有趣的事转移注意力外，我们还可以通过别人的帮助解决问题，让自己的情绪好起来。”

二 教授新知

❶ 教授新知：遇到困难时可以找人帮忙

（1）播放视频 4.3.1“玩具被放得太高拿不到”至第 25 秒，提问：“发生了什么事？小艾的情绪如何？”情绪值是多少？

（2）继续播放视频至结束，提问：“小艾做了什么？现在情绪如何？为什么？”

（3）播放视频 4.3.2“水桶太重提不动”，重复上述步骤。

❷ 教授新知：在不同的情境下可以找不同的人帮忙

（1）教师读出“家”和“学校”中的人物角色，学生根据自己的实际情况填写，可以求助的对象打√，无法求助的对象打×，需要补充的内容可以用文字/拼音/绘画表现出来。

在家

妈妈　爸爸

兄弟　姐妹

在学校

老师　校长

朋友

（2）引导学生讨论："当我们需要帮助时，在家和学校分别可以找谁帮忙？为什么？"

（3）教师小结："当我们需要找人帮忙的时候，我们要根据情境的不同找不同的人帮忙。比如在家里，可以请家人帮忙，有时也可以请熟悉的邻居帮忙；在学校可以找老师、同学、校长或者保安帮忙。每个人求助的对象会不同，比如有些同学可以找爷爷奶奶帮忙，有些同学家里没有爷爷奶奶，所以只能找其他人帮忙。"

❸ 教授新知："找人帮忙"会让心情变好

（1）播放视频 4.3.1 和 4.3.2，组织学生讨论："小艾遇到了什么困难？她是怎么解决的？困难解决后，她的情绪如何？”

（2）播放家长 / 教师事先录制的视频，重复上述步骤。

❹ 结合情境，运用“找人帮忙”这一策略调节自己的情绪

口头描述或以文字或图片的方式呈现以下情境，然后针对每个情境提问：“发生了什么事？你的情绪如何？你可以做什么让自己心情变好？”引导学生运用“找人帮忙”这一策略调节自己的情绪。

情境 1：你的电动玩具汽车动不了了，可是你很想玩它。

情境 2：马上要交作业了，可是有一道题你不会做。

三 巩固拓展

活动：背上写的 / 画的是什么

活动步骤：

①将学生分为两组，相向站立。

②一组学生的背上贴着写有文字 / 画有图画的纸条，但他们不知道纸条上的内容。

③该组学生要想办法知道背上纸条的内容并告诉老师（不能撕下来看）。

④教师可根据学生的情况决定是否需要提示该组学生可以请站在对面的同学帮忙看纸条上的内容。

教师小结：“当我们遇到自己解决不了的事情时，我们会感到不开心，这时我们可以用‘找人帮忙’这一策略，问题解决了，自己的情绪就会好起来。非常不开心时，我们可以先深呼吸，让自己的情绪平静下来，再去找人帮忙，让自己开心起来。”

四 课堂小结

❶ 小结与奖励

（1）课堂小结：“本节课我们主要学习了‘找人帮忙’可以让自己的情绪变好，在不同的情境下可以找不同的人帮忙，以及在不开心时如何运用‘找人帮忙’这一策略让自己开心起来。”

（2）教师点评学生的课堂表现，学生清点代币数量。

（3）教师兑现奖励。

② 布置家庭作业

③ 完成学习评价表

泛化技巧

① 家长或老师可制作孩子在家或学校求助对象的图片并贴在家里的显眼位置或者教室的情绪处理角。

② 当学生在自然情境或者创设的情境中非常不开心时，家长或老师及时引导学生运用“找人帮忙”或者“深呼吸 + 找人帮忙”这些策略调节情绪。

③ 家长示范，在自己很不开心时，和孩子一起讨论，并运用“找人帮忙”或者“深呼吸 + 找人帮忙”这些策略调节自己的情绪。

④ 为培养孩子独立解决问题的能力，家长应在孩子选择情绪控制策略上给予一定的引导，避免孩子养成遇到任何问题都找人帮忙的习惯。

家庭作业

作业说明：

1. 目的：练习运用“找人帮忙”这一策略调节情绪。

2. 作业1：思考自己在家里、在学校可以找哪些人帮忙，列出这些人的名单并和家长分享；作业2：用情绪控制表3记录生活中运用“找人帮忙”这一策略调节情绪的过程。

3. 及时鼓励：如果孩子按时完成作业，及时给予表扬；即使作业完成得质量不高，也要对孩子的认真态度和付出的努力给予肯定。

情绪控制表3

<table>
<tr><td>一、发生了什么事？

</td></tr>
<tr><td>二、我的情绪如何？

开心 伤心 生气 害怕 担忧 厌恶 平静
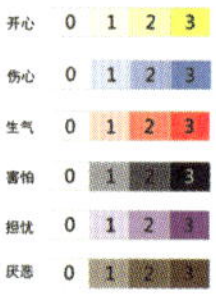
开心 0 1 2 3
伤心 0 1 2 3
生气 0 1 2 3
害怕 0 1 2 3
担忧 0 1 2 3
厌恶 0 1 2 3</td></tr>
<tr><td>三、我可以怎样做，让心情平静下来？
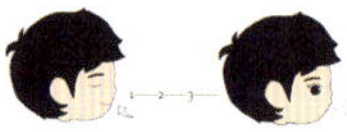
深呼吸

做有趣的事

找人帮忙

问题解决</td></tr>
<tr><td>四、我现在的心情如何？

开心 伤心 生气 害怕 担忧 厌恶 平静
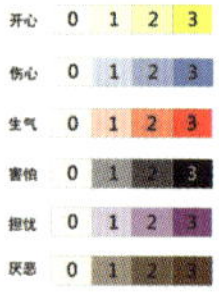
开心 0 1 2 3
伤心 0 1 2 3
生气 0 1 2 3
害怕 0 1 2 3
担忧 0 1 2 3
厌恶 0 1 2 3</td></tr>
</table>

学习评价表

项　目	评估结果				备 注
	0	1	2	3	
能够说出自己在家可以求助的人					
能够说出自己在学校可以求助的人					
能够理解“找人帮忙”会让心情变好					
能够在创设的情境中运用“找人帮忙”这一策略调节情绪					

评分标准：3分，表示能独立完成该项目；2分，表示在单一辅助下完成该项目；1分，表示在两个或两个以上辅助下完成该项目；0分，表示在任何辅助下都不能完成该项目。

第四课
与人协商

先备技能

1. 能表达自己的情绪和情绪值
2. 具备等待、轮流这些基础技能
3. 具备双向沟通的技能
4. 能理解简单的故事情节

教学目标

1. 能够说出遇到问题时可以找人协商
2. 掌握协商的步骤
3. 在创设的情境中，使用“找人协商”这一策略调节情绪

教学重点、难点

1. 能够说出遇到问题时可以找人协商
2. 掌握协商的步骤
3. 在创设的情境中，使用“找人协商”这一策略调节情绪

教学时长

70~90 分钟，可根据学生的掌握情况灵活调整时长

教学准备

1. 常规工具

教学程序表、规则提示卡、奖励表、家庭作业、学习评价表（见线上资源）

2. 教学材料

（1）“找人协商”图片（见线上资源）

（2）配套视频（见线上资源）

（3）以文字或图画方式呈现情境的卡片（可参照在本节课“教授新知”环节设置的情境进行准备，也可以根据实际情况准备）

（4）两幅拼图

教学过程

一 复习导入

❶ 邀请学生分享自己在家和学校分别可以找哪些人帮忙。

❷ 通过提问：“发生了什么事？你的情绪如何？你如何让自己的情绪变好？”引导学生分享家庭作业 3，同时引导其他学生留意同学的分享并讨论自己是否遇到过类似的情况，当时自己的情绪如何，以及是如何让自己平静下来的。

❸ 教师小结并引入本节课主题：“生活中我们经常遇到各种问题，让我们非常不开心，除了用深呼吸让自己平静下来、做有趣的事转移注意力外，我们还可以通过‘找人帮忙’或‘与人协商’解决问题，让自己的情绪好起来。”

二 教授新知

❶ 教授新知：学习何时需要与人协商

（1）播放视频 4.4.1“小凯抢小艾的玩具车”至第 16 秒，提问：“发生了什么事？小艾的情绪如何？如果是你，你的情绪会如何？为什么？”

（2）继续播放至结束，提问：“小艾说了什么？小凯说了什么？他们后来是怎么做的？小艾现在的情绪如何？”

（3）教师小结：“小凯想玩小艾的玩具，没有与小艾商量就直接抢走，这让小艾非常生气。小艾告诉了小凯她的想法，也提出了一起玩的建议，小凯答应了，于是他们两人都玩得很开心。因此，当大家意见不一致进而影响情绪时，我们可以用‘与人协商’这一策略让情绪变好。”

❷ 教授新知：怎样与人协商

（1）观看视频，了解与人协商的场合和过程。

播放视频 4.4.2“做完作业再玩 iPad”至第 28 秒，提问：“发生了什么事？小凯的情绪如何？如果是你，你的情绪会如何？你会怎么做？”

继续播放视频至第 50 秒，提问：“小凯先做了什么？然后他对妈妈说了什么？妈妈有没有答应小凯？对于妈妈的建议，小凯接受了吗？”

继续播放至结束，提问：“发生了什么事？小凯现在的情绪如何？”

教师小结：“小凯想先玩 iPad，可妈妈要他先做作业，他感到很生气。通过‘与人协商’这一策略，小凯可以先做作业后玩 iPad，他的情绪也变好了。在生活中我们也经常遇到与别人意见不一致的情况，那么应该怎样与人协商呢？”

（2）教师呈现协商对话表，引导学生学习协商过程。

我自己	协商对方
1.当他人的想法和我的不一致时，我的心情很糟糕。	
2.我可以与对方进行协商，通过协商让自己的心情好起来。	2.家人、老师、同学、朋友都可能是我协商的对象。
3.我走到对方的身边，然后情绪平稳地说出自己的想法，等待他/她的回应。	
4.对方答应后，我要礼貌地说谢谢，并按照协商的结果执行。	4.对方答应协商的事情。
5.对方未能答应时，我也要情绪平稳，不要再强求。	5.对方未能答应我们协商的事情。

（3）教师出示情境卡片，引导学生参照协商对话表练习“与人协商”。

情境 1：画画时两名学生都要用红色水彩笔，但只有一支红色水彩笔。

情境 2：几个孩子都想玩电子游戏，但只有一个 iPad。

情境 3：一名学生已经看完自己的书，他 / 她想看另一名同学手里的书。

三 巩固拓展

教师创设情境，让学生使用“与人协商”这一策略。

活动：商量一下

活动步骤：

①将学生分为两组，每组完成一幅拼图，其中一组的拼图不完整，有几片在另一组同学那里。

②拼图不完整的组的学生可以去找另一组的学生拿回他们缺失的图片，但教师提示另一组的学生不同意他们拿走，然后引导被拒绝的学生表达自己的情绪。

③引导被拒绝的学生通过“与人协商”这一策略拿回图片，完成整幅拼图，引导学生表达自己的情绪。

④两组的学生完成拼图后交换角色。

教师小结：“当我们与别人的意见不一致而心情不好时，可以用‘与人协商’这一策略达成意见一致，从而让自己的情绪好起来。非常不开心时，我们可以先深呼吸，让自己的情绪平静下来，再‘与人协商’。即便协商之后被拒，我们也可以通过深呼吸，让自己保持冷静。”

四　课堂小结

❶ 小结与奖励

（1）课堂小结：“本节课我们主要学习了‘与人协商’可以让自己的情绪变好，以及在不开心时如何运用‘与人协商’这一策略让自己开心起来。”

（2）教师点评学生的课堂表现，学生清点代币数量。

（3）教师兑现奖励。

❷ 布置家庭作业

❸ 完成学习评价表

泛化技巧

❶ 家长或老师可将呈现“与人协商”的情境图片贴在家里的显眼位置或者教室的情绪处理角。

❷ 当学生在自然情境或者创设的情境中非常不开心时，家长或老师及时

引导学生运用“与人协商”或者“深呼吸 + 与人协商”这些策略调节情绪。

③ 家长示范，在自己很不开心时，和孩子一起讨论，并运用“与人协商”或者“深呼吸 + 与人协商”这些策略调节自己的情绪。

④ 练习“与人协商”时，偶尔拒绝学生的要求，并在学生被拒感到不开心时引导学生使用所学过的策略，如“深呼吸”“做有趣的事”等策略调节情绪。

家庭作业

作业说明：

1. 目的：练习运用“与人协商”这一策略调节情绪。

2. 作业：用情绪控制表4记录生活中运用“与人协商”这一策略调节情绪的过程。

3. 及时鼓励：如果孩子按时完成作业，及时给予表扬；即使作业完成得质量不高，也要对孩子的认真态度和付出的努力给予肯定。

情绪控制表4

一、发生了什么事？

二、我的情绪如何？

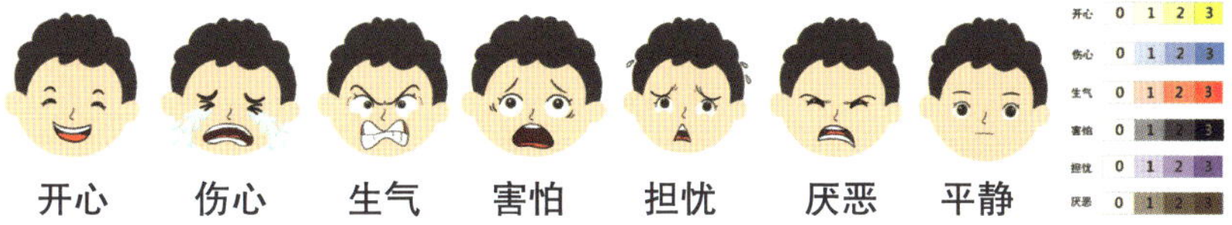

三、我可以怎样做，让心情平静下来？

深呼吸

问题解决

做有趣的事

找人帮忙

与人协商

四、我现在的心情如何？

学习评价表

项　　目	评估结果				备 注
	0	1	2	3	
能够理解“与人协商”会让心情变好					
掌握“与人协商”的步骤					
能够在创设的情境中运用“与人协商”这一策略调节情绪					

评分标准：3分，表示能独立完成该项目；2分，表示在单一辅助下完成该项目；1分，表示在两个或两个以上辅助下完成该项目；0分，表示在任何辅助下都不能完成该项目。

第五课
自我安慰

先备技能

1. 能表达自己的情绪和情绪值
2. 具备等待、轮流这些基础技能
3. 具备双向沟通的技能
4. 能理解简单的故事情节

教学目标

1. 遇到挫败时可以自我安慰
2. 能够从两方面进行“自我安慰”
3. 在创设的情境中，运用“自我安慰”这一策略调节情绪

教学重点、难点

1. 遇到挫败时可以自我安慰
2. 能够从两方面进行“自我安慰”
3. 在创设的情境中，运用“自我安慰”这一策略调节情绪

教学时长

70~90 分钟，可根据学生的掌握情况灵活调整时长

教学准备

1. 常规工具

教学程序表、规则提示卡、奖励表、家庭作业、学习评价表（见线上资源）

2. 教学材料

（1）“自我安慰”图片（见线上资源）

（2）配套视频（见线上资源）

（3）情境卡片（可参照在本节课“教授新知”环节设置的情境进行准备，也可以根据实际情况准备）

教学过程

一 复习导入

❶ 通过提问：“发生了什么事？你的情绪如何？你如何让自己的情绪变好？”引导学生分享家庭作业 4，同时引导其他学生留意同学的分享并讨论自己是否遇到过类似的情况，当时自己的情绪如何，以及是如何让自己平静下来的。

❷ 教师小结并引入本节课主题：“生活中我们可能会遭遇挫折和失败，如考试考砸了、比赛输了，让我们非常不开心，除了用深呼吸让自己平静下来、做有趣的事转移注意力外，我们还可以‘自我安慰’，让自己的情绪好起来。”

二 教授新知

❶ 教授新知：学习如何“自我安慰”

（1）播放视频 4.5.1“小凯和小艾比赛拍球”至第 24 秒，提问：“发生了什么事？小艾的情绪如何？如果是你，你的情绪如何？为什么？”

（2）继续播放至结束，提问：“小艾是怎么安慰自己的？自我安慰后小艾的情绪如何？”

（3）教师小结：“自我安慰包括两方面的内容：自我激励和换一个角度想。与小凯比赛拍球，小艾输了，她感到非常伤心，但是她用了自我安慰这一策略：首先她安慰自己这次输了没关系，接下来多多练习，以后说不定可以赢回来；接下来她安慰自己，虽然拍球输了，但自己擅长跳绳，如果比跳绳，自己可以赢小凯。因此，如果比赛输了，或者考试考砸了，我们可以用‘自我安慰’这一策略鼓励自己以后更加努力。还可以换一个角度想，自己也有其他的优势或长处，让自己保持自信。”

❷ 教授新知：练习“自我安慰”

（1）播放视频 4.1.4“小艾的冰激凌掉地上了”，组织学生讨论：“发生了什么事？小艾的情绪如何？如果是你，你的情绪如何？你可以怎么安慰自己？”

（2）教师点评学生的表现并进行小结：“小艾喜欢吃的冰激凌掉地上了，她可以提醒自己以后小心一点，就不会让冰激凌掉了；也可以换一个角度想，冰激凌的糖分含量很高，吃了会让自己更口渴，所以掉了也没关系，不吃也好。”

（3）教师出示情境卡片，引导学生练习“自我安慰”。

情境 1：因没有好好复习，考砸了。

情境 2：好朋友转学去了别的学校。

情境 3：特别喜欢的玩具找不到了。

三 巩固拓展

（1）教师创设情境，让学生运用“自我安慰”这一策略。

活动：抢椅子

活动步骤：

①将几把椅子背靠背拼成一圈，椅子数量比学生人数少 1 个。

②让学生听音乐围绕椅子走，音乐停下时马上坐到椅子上，没抢到椅子的学生就算输了，不能继续参加游戏。

③让没抢到椅子的同学表达自己的情绪，并运用“自我安慰”这一策略安抚自己的情绪。

④拿走 1 把椅子后重复步骤②和③，直到最后剩下 1 把椅子。

（2）教师小结：“有些不好的事情发生时，我们可以运用‘问题解决’这一策略应对这些事，还记得问题解决的 6 个步骤吗？”（此时可以举一个例子，让学生复习问题解决的过程。）“可如果比赛输了，或者发生了什么不可挽回的事情，比如喜欢的东西被打烂了 / 找不到了、好朋友转学走了，我们没有办法去解决时，可以用‘自我安慰’这一策略让自己的情绪好起来。‘自我安慰’包括两个方面：鼓励自己以后做得更好和换一个角度来想这件事。”

四 课堂小结

❶ 小结与奖励

（1）课堂小结："本节课我们主要学习了'自我安慰'可以让自己的情绪变好，以及在遇到挫折时如何运用'自我安慰'这一策略安抚自己的情绪。"

（2）教师点评学生的课堂表现，学生清点代币数量。

（3）教师兑现奖励。

❷ 布置家庭作业

❸ 完成学习评价表

泛化技巧

❶ 家长或老师可将"自我安慰"图片贴在家里的显眼位置或者教室的情绪处理角。

❷ 当学生在自然情境或者创设的情境中遇到挫折或者发生不可挽回的事情时，家长或老师及时引导学生运用"自我安慰"或者"深呼吸＋自我安慰"这些策略调节情绪。

❸ 家长示范，在自己很不开心时，和孩子一起讨论，并运用"自我安慰"或者"深呼吸＋自我安慰"这些策略调节自己的情绪。

❹ 家长和老师应该引导学生在遇到问题时首先积极地解决问题；对于暂时无法解决的问题，"做有趣的事"转移注意力，或者"自我安慰"，安抚当时的情绪，并激励自己继续努力。

家庭作业

作业说明：

1. 目的：练习运用“自我安慰”这一策略调节情绪。

2. 作业：用情绪控制表5记录生活中运用“自我安慰”这一策略调节情绪的过程。

3. 及时鼓励：如果孩子按时完成作业，及时给予表扬；即使作业完成得质量不高，也要对孩子的认真态度和付出的努力给予肯定。

情绪控制表5

一、发生了什么事？

二、我的情绪如何？

三、我可以怎样做，让心情平静下来？

四、我现在的心情如何？

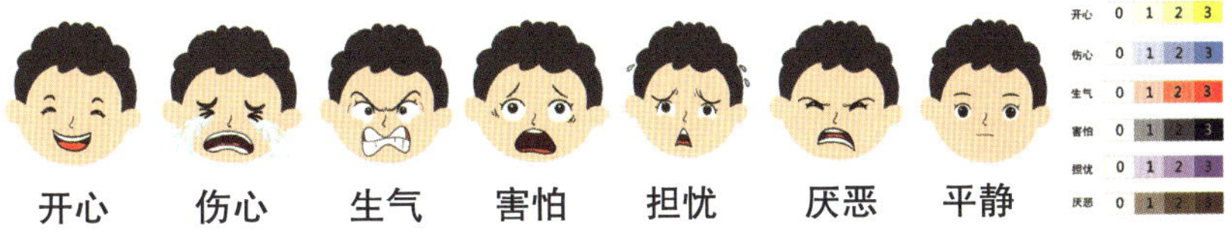

学习评价表

项　目	评估结果				备注
	0	1	2	3	
能够理解“自我安慰”会让心情变好					
能够从两个方面进行“自我安慰”					
能够在创设的情境中运用“自我安慰”这一策略调节情绪					

评分标准：3分，表示能独立完成该项目；2分，表示在单一辅助下完成该项目；1分，表示在两个或两个以上辅助下完成该项目；0分，表示在任何辅助下都不能完成该项目。

后　记

用擅长的方式做喜欢的事情，是人生的一大幸福！这场幸福经历的起因，来自广州康纳学校科研团队开展孤独症融合实践中遇到的挑战：我们目睹了孤独症群体融合质量不高的现状，体会了教师的困惑与无奈，共情了家长的焦虑与艰辛……

于是，我们决定构建聚焦孤独症学生有效、高质融合的系列课程：孤独症及相关障碍学生社会情绪课程（以下简称“课程”）、孤独症及相关障碍学生执行功能课程、孤独症及相关障碍学生社会情感课程。由于社会情绪能力是社会融合的先备技能，因而致力于培养和提升孤独症学生社会情绪能力的社会情绪课程位列开发之首。历时 8 年，提出问题、检索文献；搭建框架、本校初试、异校验证、课程推广……

8 年的时间很长，有支持和鼓励，也有质疑和挫折，我们多次陷入自我怀疑的漩涡，却又一次次鼓起勇气去坚持。8 年的努力，硕果累累：多轮研发、修订后完善了课程构建，并开发了丰富的教学资源；课程教学效果明显，并受邀在国家、省、市融合会议做多场主题分享；获广东省第一批精品课程立项，近期还被评选为广州市教学成果重点培育项目。课程广受特殊教育学校和普通教育学校老师欢迎，一场又一场的工作坊也在陆续进行……8 年的时间又很短，还没来得及认真记录这一路的喜怒哀乐、细细品味这一路的酸甜苦辣，它已经给我们的人生画下浓墨重彩的一笔，然后掀开了新的篇章——执行功能课程和社会情感课程正在构建中。

用擅长的方式做喜欢的事情，还是与志同道合的人一起做，那更是幸福中的幸福！君子和而不同。课程研发团队正是由一群精诚团结却又背景不同、风格迥异的同仁组成。项目主持人黄丹，心理学博士研究生和特殊教育高级教师，她高冷的外表掩不住内心对特殊教育事业的深厚情怀。她好学勤思，专业扎实，为课程研发把控方向、凝聚士气、链接资源。课程主要研发人王德玉，英语翻译和社会工作的专业背景，她性格活泼，思维发散，阴差阳错从学校行政管理岗转到培训科研岗，然后又扛起了课程研发的大旗，并成长为一名深受家长、学生信任和喜爱的课程老师。课程研发骨干张云，教育学专业背景，性格低调内敛，工作认真细致，执行力超强；对学生、家长温柔耐心，制作的课件特别生动漂亮。团队里还有爱看书喜钻研、性格直爽的魏来，小巧玲珑却异常聪慧的肖婉婷，质朴踏实、为团队提供支持和保障的范楷，以及参与编写教学设计的孟文华、杨伟珍、李艳彬（团队中唯一的男士）。

课程的主旋律是成长与幸福。对于学生而言，通过课程学习，提升了社会情绪能力，减少了问题行为，改善了人际关系，提升了幸福感；对于家长而言，通过课程老师提供的定期培训和课后辅导，提升了社会情绪能力，改进了教养方式，改善了亲子关系，提升了幸福感；而对于我们课程研发团队来说，《孤独症及相关障碍儿童社会情绪课程》的出版只是开始，接下来还有更多的融合课程去构建，以及更多的探索与实践，我们一直在路上，辛苦忙碌却又快乐幸福着……

王德玉 黄丹

2023 年 12 月 18 日，广州市康纳学校

图书在版编目（CIP）数据

孤独症及相关障碍儿童社会情绪课程 / 钟卜金，王德玉，黄丹主编. -- 北京：华夏出版社有限公司，2024.4

ISBN 978-7-5222-0463-5

Ⅰ. ①孤… Ⅱ. ①钟… ②王… ③黄… Ⅲ. ①孤独症－儿童教育－特殊教育 Ⅳ. ①G766

中国国家版本馆 CIP 数据核字（2023）第 013047 号

广东省特殊教育精品课程项目资助 立项编号：2021tsjyjpkc07

孤独症及相关障碍儿童社会情绪课程

主　　编　钟卜金　王德玉　黄　丹
责任编辑　薛永洁

出版发行　华夏出版社有限公司
经　　销　新华书店
印　　装　河北宝昌佳彩印刷有限公司
版　　次　2024 年 4 月北京第 1 版　　2024 年 4 月北京第 1 次印刷
开　　本　720×1030　1/16 开
印　　张　12.25
字　　数　190 千字
定　　价　78.00 元

华夏出版社有限公司 地址：北京市东直门外香河园北里 4 号　邮编：100028
网址：www.hxph.com.cn　电话：（010）64663331（转）

若发现本版图书有印装质量问题，请与我社营销中心联系调换。